Kompatsch
Seis
Seiser Alm
Saltner-hütte
21
Völser Weiher
Schlernhäuser
22
Tierser-Alpl-Hütte
9
30
18
14
17
Tschafonhütte
16
Tschamintal
Grasleitenhütte
31
3
15
13
6
20
4
19
St. Zyprian
10
Nigerpass
23
28
Hagner Alm
Schillerhof
12
32
Paolina-hütte
Osterlag-hütte
Vigo di Fassa
25
Karersee
elschnofen
Karerpass
FASSATAL
27
26
Labyrinthsteig
Latemar Wiesen
Latemargruppe

Umschlagbild: Das Kirchlein Sankt Zyprian im Tierser Tal
im Alpenglühen, dem berühmten »enrosadüra«.
Im Hintergrund der Rosengarten.

Die Texte, Fotografien und Routenskizzen sind vom Autor.

Jeder Wandervorschlag ist mit einer Nummer gekennzeichnet. Die Nummern auf der anfangs eingefügten Übersichtskarte entsprechen den fortlaufenden Nummern der einzelnen Wanderungen. Die Wanderungen und entsprechenden Kapitel sind gleich numeriert, um das Auffinden der Wegbeschreibungen zu erleichtern.

Die Schwierigkeitsgrade der Wanderungen sind gesammelt am Ende des Führers wiedergegeben.

1998

Titel der italienischen Originalausgabe:
«Tires al Catinaccio»
Dall'Alpe di Siusi-Seis al Latemar
Gite scelte
Aus dem Italienischen übertragen von Schahrzad Assemi
Gesamtherstellung: Athesiadruck, Bozen
ISBN 88-7014-844-0

Maurizio Capobussi

TIERS am Rosengarten

Von der Seiser Alm zum Latemar

Ausgewählte Wanderungen

Zweite Auflage

VERLAGSANSTALT ATHESIA · BOZEN

Einführung

Das bezaubernd schöne und grüne Tierser Tal liegt zu Füßen des Rosengartens mit seinen berühmten, schroff emporragenden Felstürmen und Wänden. Kein Wunder also, daß es zu den interessantesten Wandergebieten und Ausflugszielen der Dolomiten zählt. Ein kleines Landschaftsjuwel, unberührt vom Massentourismus und das richtige für Genießer, die Ruhe und Naturverbundenheit suchen. Gleich neben dem Tierser Tal erstreckt sich das Schlernhochplateau, Wahrzeichen der Südtiroler Bergwelt. Das herrliche Schlerngebiet ist aufgrund seiner naturkundlichen und landschaftlichen Schönheit als Naturpark geschützt. Auch die einmalig schöne, ausgedehnte Seiser Alm ist nicht weit. Man kann diese von Tiers aus mit öffentlichen Linienbussen erreichen.

Der vorliegende Führer umfaßt die schönsten Wanderungen im Tierser Tal und Umgebung. Dazu einige erläuternde Anmerkungen: Bei der Zusammenstellung des Buches, beim Fotografieren, Aussuchen und Aufzeichnen der Wanderstrecken und Abfassen der Wegbeschreibungen haben wir natürlich an alle bergtüchtigen und geübten Wanderfreunde gedacht, allerdings auch all jene nicht außer acht gelassen, die andere Ansprüche haben, vielleicht einen gemächlicheren Schritt bevorzugen, die Wanderungen ohne entsprechende körperliche Kondition angehen oder sich diese nach vielen Monaten sitzender Tätigkeit in der Stadt wiedererwerben möchten. Wir haben uns demnach besonders bemüht, die ganze Familie als Wandergruppe im Auge zu behalten. Meine Frau Mariella und mein zwölfjähriger Sohn Matteo haben mich auf allen Wanderungen begleitet, einige Klettersteige mit höherem Schwierigkeitsgrad (wie etwa der Laurenzi-Klettersteig) ausgenommen. Sowohl bei der Auswahl der Wanderungen wie auch bei den

Das Kirchlein Sankt Zyprian hier in einem ganz anderen Licht als auf dem Umschlagbild: Aufgrund des verschiedenen Lichtes, das je nach Tageszeit und Jahreszeit das Tal verzaubert, kann Tiers mit Fug und Recht von sich behaupten: »Tiers am Rosengarten, ein Märchen«.

Zeitangaben haben wir eher an die Situation einer Familie gedacht als an den erfahrenen und geübten Bergwanderer.
Auf unseren Wanderungen haben wir die Pracht und Schönheit des Tierser Tales, diese idyllische »Insel« der Ruhe, in vollen Zügen genossen. Für den Bergwanderer ein wahres Juwel inmitten der Dolomiten, wie geschaffen für alle, die Wege durch die stille Natur, wilde Schluchten und grüne Wälder schätzen.
Das Tierser Tal mit seinen steilen Flanken und grünen Wiesen, seit langem ein beliebtes Wandergebiet, kann auf eine weit zurückreichende alpine Tradition stolz sein. Das Hochtal gilt als das Tor zum Rosengarten, als »Tal des Rosengartens« schlechthin. Immer wieder fällt der Blick auf die berühmte Felsenkette mit ihren steil aufragenden Türmen und Wänden, die als großartige Kulisse jede Wanderung begleitet. Der Rosengarten ist das Ziel unvergeßlicher Wandererlebnisse, für den einfachen und besinnlichen Wanderer bis zum Extremalpinisten. Die meisten Wanderstrecken sind leicht und gut begehbar. Einige weisen alpinistische Schwierigkeitsgrade auf; das bedeutet, sie sollten nicht leichtfertig angegangen, sondern besser in Begleitung eines Bergführers bewältigt werden.
Wir haben uns beim Schreiben dieses Führers mehr als einmal die Frage nach den Erwartungen und Wünschen unserer Leser gestellt. Natürlich hoffen wir, daß unser Buch vielen gefällt. Angefangen beim Autofahrer, der sich auf der Durchfahrt von der Schönheit dieser Gegend begeistern und vielleicht zu einer kurzen Pause verleiten läßt. Der aber dann in dieses herrliche Gebiet zurückkommen möchte und nach einem praktischen Führer sucht, der ihn auf seinen Wanderungen und Spaziergängen begleitet.
Genausogut kann der vorliegende Führer einer wanderlustigen Familie von Nutzen sein, die im Tierser Tal einen schönen Urlaub verbringen möchte. Jeder Tag, ja jede Stunde ist da kostbar. Man sollte sie nicht mit falsch ausgewählten Routen vergeuden, sondern sich rechtzeitig über das Gebiet informieren, um dann die geeigneten Wanderziele zu wählen. Auch in diesem Falle ist unser Führer ein wertvoller Ratgeber.
Und schließlich ist er ein praktischer Begleiter für den erfahrenen Bergwanderer, der seine Strecke von Hütte zu Hütte plant und sich vielleicht bei unsicherer Wetterlage seine Übernachtung sichern möchte (siehe dazu Telefonnummern von Almen

und Einkehrstätten sowie die Schutzhütten-Übersicht auf Seite 183).
Die einzelnen Routenskizzen mit genauer Routenführung stellen eine sinnvolle Ergänzung zu einer guten Wanderkarte im Maßstab 1:25.000 dar, die wir in jedem Falle empfehlen und die für einen Gesamtüberblick über das Gebiet nötig ist.
Unser Führer bietet sehr verschiedenartige Wanderungen an. Alle sind sie zu Fuß zu bewältigen, einige auch mit dem Mountainbike befahrbar.
Die Wander- und Alpintradition des Bergsteigerdorfes Tiers ist heute lebendiger denn je, die touristischen Angebote sind dementsprechend reichhaltig. Darunter findet man zuweilen auch eher ungewöhnliche Erlebnisse, wie etwa den Flug mit dem Gleitschirm (zusammen mit einem Gleitschirmfluglehrer) vom Rosengarten ins Tal hinab.
Naturkundliche Spaziergänge und Wanderungen mit Führer werden alljährlich vom örtlichen Fremdenverkehrsverein organisiert.
Einige Wandervorschläge dieses Buches führen in die Vergangenheit des Bergtales, wie zur alten venezianischen Säge bei der Tschaminschwaige, zur erst kürzlich restaurierten alten Wassermühle im Ort Tiers oder zum Schloß Prösels, das, nicht weit von Tiers entfernt, einen Ausflug wert ist.
Wie auf den abgebildeten Routenskizzen leicht zu erkennen ist, sind alle Wanderwege gut zu begehen, und die Erwartungen der Wanderer werden sicherlich nicht enttäuscht.
Also, auf geht's!

Maurizio Capobussi

1 ZUM AUSSICHTSPUNKT VON VÖLSEGG

Schwierigkeit: leicht (Fußwanderung; man kann nach Völsegg auch mit dem Mountainbike hinauffahren.)
Max. Aufstiegshöhe: 1247 m (die kleine Kapelle Völsegger Bild)
Höhenunterschied: 247 m
Zeitaufwand: 45 Minuten von Tiers nach Völsegg

Eine leichte Wanderung, die von Tiers zum Aussichtspunkt von Völsegg hinaufführt. Man hat einen herrlichen Blick auf das Tal, westlich reicht der Blick bis Bozen.

Wegbeschreibung

In Tiers zweigen vor dem Hotel Paradies und nur wenige Schritte von der API-Tankstelle entfernt zwei Straßen von der Hauptstraße ab, die das Tal durchzieht, und führen inmitten der Häuser bergauf. Mehrere Wegweiser an einer Mauer nennen die möglichen Wanderstrecken. Einer dieser Tourenvorschläge ist der Weg nach Völsegg, unser Ziel.
Man nimmt die Straße, die links emporführt (Westen), indem man zunächst den Schildern »4-Tschafon« und »Völsegg« folgt. Ein kleines Stück weiter kommt man an eine Gabelung mit kleinem Parkplatz. Wir empfehlen jedoch, das Auto auf einem der eigens dafür vorgesehenen Parkplätze in der Ortsmitte von Tiers abzustellen: Die Strecke führt zwar über Asphaltstraße, wird aber oberhalb von Tiers sehr eng und kann beim Zusammentreffen mit anderen Autos lange und schwierige Manöver im Rückwärtsgang erforderlich machen. Die Straße führt an Wiesen entlang, und bald darauf erreicht man eine kleine Ruhebank. Bis zu den Gebäuden des Hauses Tischler am Waldeingang ist die Straße asphaltiert. Nun auf einen kleinen Platz, und unsere Wanderung setzt sich auf einer Forststraße fort. Am Wegesrand begleiten uns herrliche violett, hellblau, rosa und weiß blühende Akeleien. Wir überwinden die Sperrschranke der Straße und gehen über eine mittlere Steigung bis zu einer weiten Kehre auf 1180 m Höhe empor. Eine Bank lädt zur Rast ein. Die Landschaft tut sich nach Westen hin auf, man hat einen herrlichen Fernblick über das Tierser Tal in Richtung Bozen. Wir schauen hinab in eine steile Schlucht

Beim Abstieg von Völsegg auf dem Wanderweg 6U hat man oberhalb von Tiers einen herrlichen Blick auf das Tal.

mit interessanten Erosionsspuren und gut erkennbaren Furchen in roter Erde. Nach der Kehre erscheinen nach wenigen Metern die Häuser von Völsegg.
Ein letztes, kurzes Stück einen grasbewachsenen Kamm entlang, und wir erreichen die kleine Kapelle Völsegger Bild in 1247 m Höhe.
Um wieder nach Tiers zurückzukommen, kann man sich jetzt nach Osten wenden: Rechts der Kapelle führen zwei Wege in den Wald hinein. Wir wählen den etwas tiefer liegenden, mit 6U markierten und gehen quer durch den Wald bis zur Wegkreuzung auf 1166 m. Hier treffen wir auf den Bildstock (VIII. Station) eines Kreuzweges (Wanderweg Nr. 4), der zum Sankt-Sebastian-Kirchlein hinaufzieht.
Um schnell zurückzugehen, nimmt man an dieser Stelle den halbversteckt unter den Bäumen liegenden Weg bergabwärts (Hinweispfahl mit Markierung Tiers-4). Im steilen Zickzack geht es dann in wenigen Minuten zu den Häusern von Tiers hinunter.

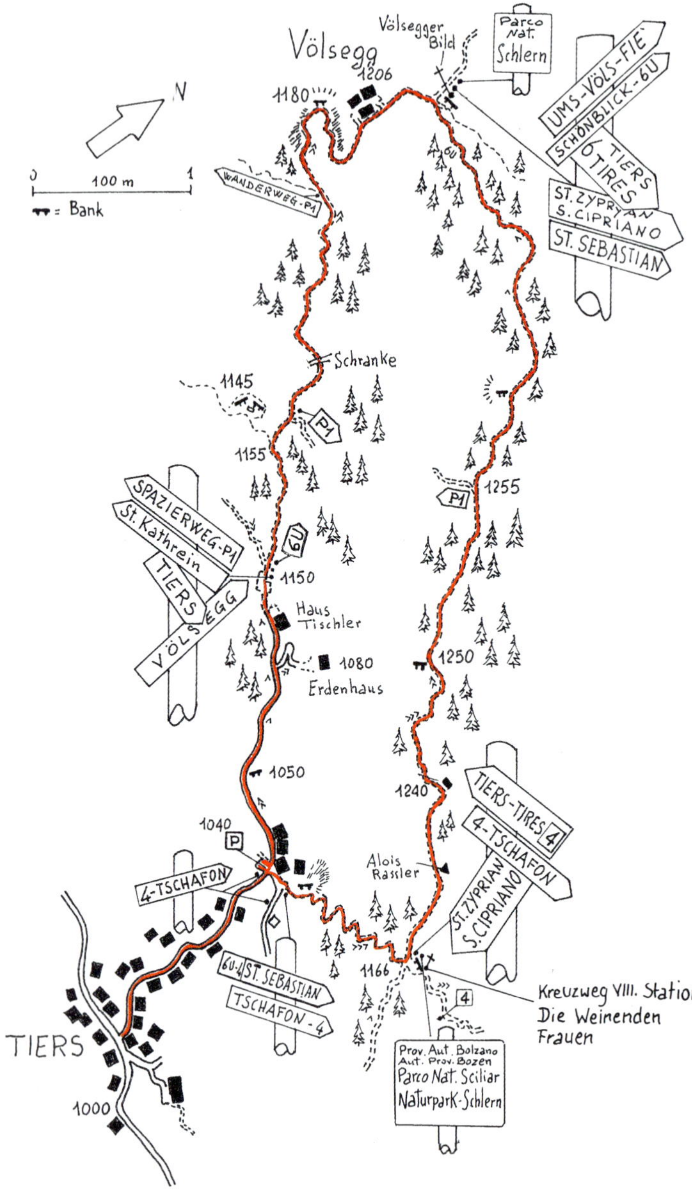

Rechts: Blick vom Völsegger Aussichtspunkt auf das Tierser Tal in Richtung Bozen. Erosionsspuren kennzeichnen in beeindruckender Weise das Gelände.

Längs der Forststraße hinauf nach Völsegg läßt sich eine herrliche Smaragdeidechse in ihrer grünen und türkisfarbenen Pracht bewundern.

Längs des Aufstiegsweges nach Völsegg spitzt in den Wiesen am Waldesrand so manches Mal der wunderschöne, aber äußerst giftige Blaue Eisenhut in seiner kräftig violetten Farbe hervor. Die Pflanze wird aufgrund ihrer starken Giftigkeit auch von den Tieren gemieden.

Die schöne Akelei trifft man längs des Aufstiegs nach Völsegg des öfteren an; sie blüht am Wegesrand in den verschiedensten Farben.

Das kleine und seltene Fettkraut blüht am Rande des Wanderweges 6U hinab nach Tiers. Das Fettkraut ist eine fleischfressende Pflanze: An den leicht behaarten und klebrigen Blättern bleiben kleine Fliegen und Ameisen hängen, deren Nährstoffe die Pflanze dann aufnimmt.

2 STEINEGG – WANDERUNG ZU DEN ERDPYRAMIDEN

Schwierigkeit: mittel/leicht (Fußwanderung); auch mit dem Auto möglich
Höhenunterschied: ca. 100 m (ab Steinegg); 310 m (von Breien)
Max. Aufstiegshöhe: 990 m
Zeitaufwand: ca. 25 Minuten von der Kirche oberhalb Steineggs bis zu den Erdpyramiden (zu Fuß); 1¼ Stunden ab Breien, Gschloar-Straße

Wegbeschreibung

Die Erdpyramiden sind das Ergebnis einer Bodenerosion: Ein Felsblock, der sogenannte Deckstein, schützt den Erdboden, der sich aus Erde und Steinen zusammensetzt, vor dem Regen. Einzelne Stellen bleiben dadurch von der Abtragung verschont, und im Laufe der Zeit entstehen die kegel-, turm- oder eben pyramidenartigen Formen. Beeindruckend und verwunderlich zugleich, waren diese Abtragungsformen seit jeher Gegenstand zahlreicher Sagen, die von durch Zauber versteinerten Feen oder Riesen mit Felshüten erzählen. Solche Erdpyramiden findet man auch auf dem Ritten bei Bozen.
Wer mit dem Auto zu den Pyramiden fahren möchte, muß zuerst nach Blumau hinunter und kann dann auf einer kurvenreichen Straße nach Steinegg hinauffahren. Hier hat man zwei Möglichkeiten: entweder parkt man das Auto auf dem kleinen Platz in der Kehre oberhalb des Dorfes (nach dem Kirchlein) und geht dann etwa 25 Minuten lang auf dem Wanderpfad bis zu den Erdpyramiden; oder man biegt fünfzig Meter vor dem Gasthaus Edelweiß in das Asphaltsträßchen ein und fährt mit dem Auto direkt bis zu den Pyramiden. Eine weitere Möglichkeit ist schließlich der lange Aufstieg zu Fuß von Breien im Tierser Tal: zunächst auf dem Weg bis nach Gschloar und alsdann auf der Straße zu den Erdpyramiden.

Die Erdpyramiden sind durch Erosion entstandene interessante geologische Gebilde. Im Hintergrund die Häuser von Steinegg, in der Ferne der Talkessel von Bozen.

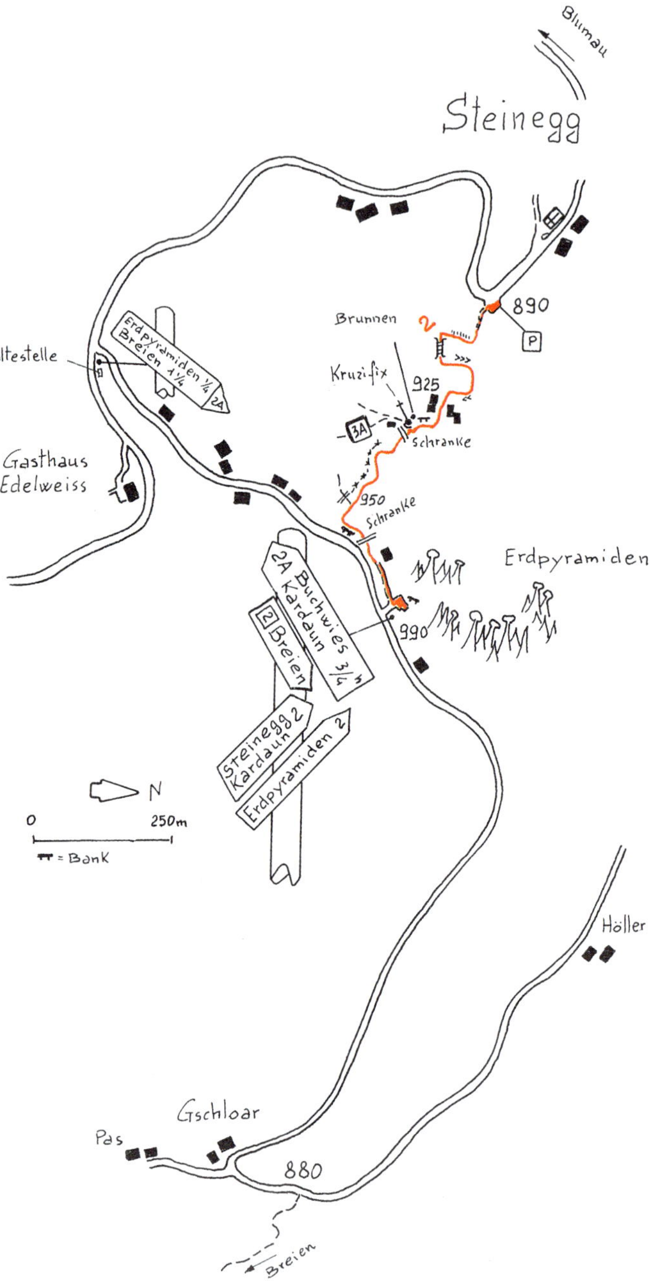
Blumau
Steinegg
890
P
Brunnen
2
Kruzifix
925
3A
Schranke
950
Schranke
Haltestelle
Erdpyramiden 1/4
Breien 1 1/4
2A
Gasthaus
Edelweiss
Erdpyramiden
990
Buchwies 3/4 h
2A Kardaun
2 Breien
Steinegg 2
Kardaun 2
Erdpyramiden 2
N
0
250m
= Bank
Höller
Gschloar
Pas
880
Breien

Von der Kehre der Straße oberhalb des Ortes Steinegg sieht man die Erdpyramiden am Waldesrand aufragen.

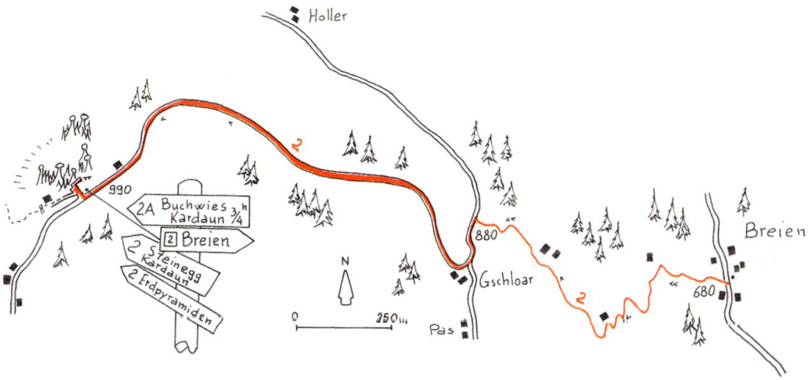

3 VON DER TSCHAFONHÜTTE AUF DEN TSCHAFON (VÖLSEGGSPITZE)

Schwierigkeit: lang (Fußwanderung)
Höhenunterschied: 856 m (Summe der Höhenunterschiede im Aufstieg)
Max. Aufstiegshöhe: 1834 m
Zeitaufwand: 2½ Stunden von Weißlahnbad bis zur Tschafonhütte; 20 Minuten von der Tschafonhütte zur Völseggspitze; 1¾ Stunden für den Abstieg von der Tschafonhütte nach Schönblick; 2 Stunden von Schönblick bis Weißlahnbad

Von Weißlahnbad zur Tschafonhütte und Aufstieg zum Tschafon (Völseggspitze). Abstieg über Schönblick und dann durch Wald zurück nach Weißlahnbad: eine lange, ringförmig angelegte Waldwanderung mit herrlich weiten Panoramablicken.

Wegbeschreibung
Ausgangspunkt dieser Wanderung ist die Ortschaft Weißlahnbad zwischen Tiers und Sankt Zyprian am Eingang zum idyllischen Tschamintal. Man erreicht sie leicht über die Asphaltstraße, die vom Kirchlein Sankt Zyprian aus aufwärts führt. Das Auto kann man auf eigens dafür vorgesehenen, geräumigen Parkplätzen im Schatten der Tannen abstellen, danach beginnt die Schotterstraße, die ins Tschamintal bringt.
Man läßt also das Auto stehen, geht noch ein Stück auf Asphalt und folgt dann auf halber Hanghöhe dem schönen Schottersträßchen mit Namen »Forstweg Wuhn« bergaufwärts. Man kommt zu den Wiesen von Wuhnleger und stößt auf den kleinen Wuhnleger See. In seinem Wasser spiegeln sich die Felsenprofile der Rosengartenspitzen und der Vajolettürme –

Rechts: In den klaren Wassern des kleinen Wuhnleger Sees spiegeln sich die Spitzen des Rosengartens und der Vajolettürme wider. Am umzäunten Ufer laden Ruhebänke zur Rast ein.

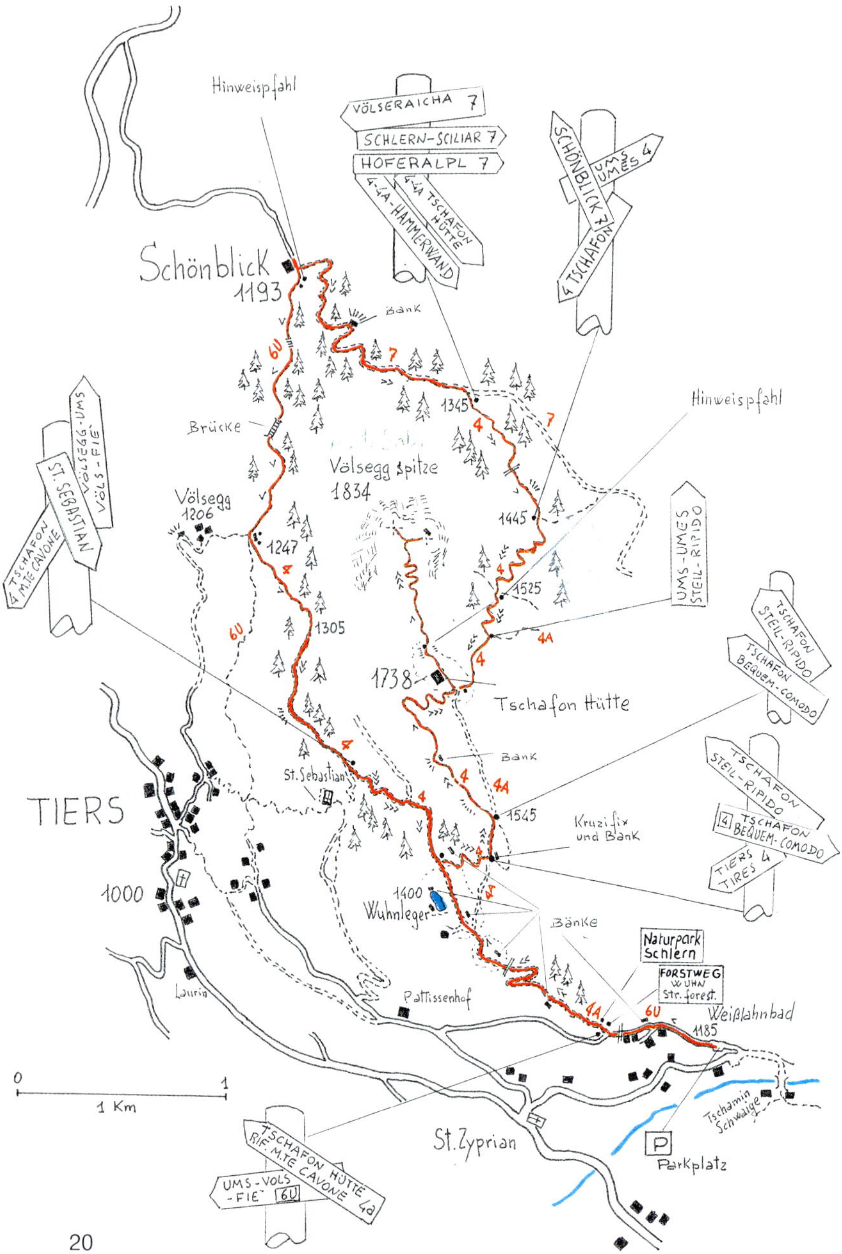
Hinweispfahl
VÖLSERAICHA 7
SCHLERN-SCILIAR 7
HOFERALPL 7
4-4A-HAMMERWAND
4-4A TSCHAFON HÜTTE
SCHÖNBLICK 7
UMS UMES 4
4 TSCHAFON
Schönblick
1193
Bank
6U
7
1345
Brücke
Völsegg spitze
1834
VÖLSEGG-UMS VÖLS-FIE
ST. SEBASTIAN
4 TSCHAFON M.TE CAVONE
Völsegg
1206
1247
1445
Hinweispfahl
UMS-UMES STEIL-RIPIDO
1525
4A
1305
1738
Tschafon Hütte
TSCHAFON STEIL-RIPIDO
TSCHAFON BEQUEM-COMODO
Bank
St. Sebastian
1545
Kruzifix und Bank
TIERS
TSCHAFON STEIL-RIPIDO
TSCHAFON BEQUEM-COMODO
TIERS 4 TIRES
1000
1400
Wuhnleger
Bänke
Naturpark Schlern
FORSTWEG WUHN Str. forest.
Laurin
Pattissenhof
Weißlahnbad
1185
0
1
1 Km
St. Zyprian
Tschamin Schwaige
P
Parkplatz
TSCHAFON HÜTTE RIF. M.TE CAVONE 4a
UMS-VÖLS -FIE 6U

Während des Aufstiegs auf dem Wuhner Forstweg öffnet sich das Panorama nach und nach. Hier eine Herbstansicht des Tierser Tales mit Rosengartengruppe, den spitzen Vajolettürmen und den schönen Runguner Wiesen zu Füßen der Felszacken.

ein sicherlich begehrenswertes Motiv für Fotografen! Gleich oberhalb des kleinen Wuhnleger Sees geht der Wanderweg Nr. 4 ab. Wir gehen diesen im Wald bergauf, und ein wenig weiter oben, auf der Höhe eines Holzkreuzes, stellen uns Wegweiser vor die Wahl zwischen einem »steilen« Aufstieg auf Schotterstraße und einem »bequemen« auf Wanderpfad. Letzterer verläuft auf halber Höhe, ist etwas länger, bietet aber streckenweise eine Bank zur Rast. Wir empfehlen vor allem für das Stück oberhalb 1545 m den »bequemen« Weg, der dem Tal folgt – schon allein wegen der herrlich weiten Panoramablicke über das Tierser Tal! Nach einem kurzen Steilstück mit einigen Latschenkiefern kommt man schließlich auf dem weiten, grünen Sattel mit der Tschafonhütte (1738 m) heraus.

Am Rande des Wanderweges Nr. 4, der von den Wuhnleger Wiesen zur Tschafonhütte führt, blüht die schöne, geschützte Türkenbundlilie.

Hinter der Hütte geht ein leichter Wanderweg ab, der in zwanzig Minuten einfachen Aufstiegs zunächst durch ein Waldstück führt und alsdann die Völseggspitze auf 1834 m erreicht. Der Aufstieg hat sich gelohnt! Die Völseggspitze besteht genaugenommen aus zwei getrennten und weiten Felsenbalkonen, von denen aus man ein unglaublich schönes Panorama genießt. Vom rechten Naturbalkon (Norden) schweift der Blick über das Eisacktal und die Völser Hochfläche; der linke (Westen) hinge-

Rechts: Längs des Wanderweges Nr. 4 öffnet sich in 1585 m Höhe ein herrliches Panorama über das Tierser Tal.

Die Tschafonhütte liegt auf einem schönen, von Tannen umgebenen Wiesensattel in 1738 m Höhe.

gen bildet den eigentlichen Berggipfel, was dann auch mit einem großen Kreuz gekennzeichnet ist. Man blickt in Richtung Tierser Tal und Bozen.
Wieder zurück bei der Tschafonhütte, kann man nun den Rückweg über den bekannten Aufstiegsweg zurücklegen. Wir schlagen aber einen etwas längeren, doch interessanteren Abstieg vor: In Richtung Ums kann man von der Tschafonhütte schnell absteigen. Der Weg führt, am Anfang noch sehr steil, im Schatten der Tannen nordwärts bergab. Dann biegt er nach Westen ab, führt weiterhin abwärts und mündet in ein Forststräßchen, das zur Jausenstation Schönblick bringt. Streckenweise herrliche Ausblicke in Richtung Völs und auf das Schloß Prösels.

In der Tschafonhütte

Von Schönblick aus geht man nun den Weg und dann das schöne, schattige Sträßchen durch den Tannenwald in Richtung Völsegger Kamm. Der Weg ist gut erkennbar, teilweise führt er über Stege aus Baumstämmen, auf denen man bequem steinige Rinnen überwindet. Wer Glück hat, sieht auch schon einmal ein Eichhörnchen springen!

Wir kommen zur kleinen Kapelle Völsegger Bild, umgehen sie und folgen dann in östlicher Richtung dem mit der Nr. 4 markierten Weg (dies ist der höhergelegene Weg und besser als der 6U, der direkt nach Tiers hinunterführt).

Der Pfad gewinnt an Höhe, klettert durch den Wald empor und stößt schließlich auf eine Forststraße. Wir folgen ihr bergaufwärts, eine Abzweigung, die zum Sebastiankirchlein hinabgeht,

Auf unserem Weg von der Tschafonhütte hinunter zur Jausenstation Schönblick kommen wir auf ein Forststräßchen, von dem aus man streckenweise wunderschöne Ausblicke über das Eisacktal und das Schloß Prösels genießt.

bleibt unbeachtet, und wir steigen weiter im Wald auf, bis wir wieder zu den Wiesen und dem kleinen Wuhnleger See kommen. Von hier aus gehen wir die vom Hinweg bekannte Strecke hinunter und zu unserem Ausgangspunkt am Parkplatz in Weißlahnbad zurück.

Links: Der Weg hinab zur Jausenstation Schönblick schlängelt sich durch die Wälder.

Unzählige Blumen schmücken die Balkone der Häuser von Sankt Zyprian, wo der Trimm-dich-Pfad beginnt.

4 DER TRIMM-DICH-PFAD VON TIERS NACH SANKT ZYPRIAN

Schwierigkeit: leicht (Fußwanderung)
Wegstrecke: das linke Ufer des Tschaminbaches entlang nach Sankt Zyprian
Höhe: 1060 m

Wo die Tierser Talstraße bei Sankt Zyprian auf der Brücke über den Tschaminbach führt, beginnt der Trimm-dich-Pfad von Tiers nach Sankt Zyprian.
In der Nähe der Brücke befindet sich bei den ersten Häusern ein kleiner Parkplatz mit Brunnen.

Einer der Übungsplätze längs des Tschaminbaches

Die einzelnen Stationen des Trimm-dich-Pfades mit zahlreichen verschiedenen Turngeräten und Übungsanweisungen führen den rechten Bachdamm entlang. Zumeist stehen die Übungsgeräte auf einem Kiefernrindenbett, seltener auf Sand. Wenn auch ein Trimm-dich-Pfad nicht gerade als typische Wanderstrecke gelten kann, so stellt er dennoch eine sinnvolle Ergänzung zum Wanderprogramm dar. Einerseits bietet er ein ideales Körpertraining für jedes Alter, andererseits kann er die geeignete Lösung für Tage mit unsicherem Wetter sein, an denen man sich nicht in größere Höhen hinaufwagen sollte. Der Trimm-dich-Pfad beginnt nur wenige Schritte von Sankt Zyprian entfernt, was ihn zusätzlich attraktiv gestaltet.

5 ZUM SCHLOSS PRÖSELS

Schwierigkeit: mittel (Fußwanderung); auch mit dem Auto möglich
Höhenunterschied: 206 m (Hinweg); 328 m (Rückweg)
Max. Aufstiegshöhe: 1206 m (Völsegg)
Zeitaufwand: zu Fuß braucht man 1½ Stunden von Tiers zum Schloß Prösels; mit dem Auto 15 Minuten

Wanderausflug zum wunderschönen, mittelalterlichen Schloß Prösels, das erst kürzlich restauriert wurde und zu besichtigen ist.

Wegbeschreibung
Eine der vielen Wanderungen mit Ausgangspunkt Tiers führt zum schönen Schloß Prösels. Die mittelalterliche Burg ist das Prunkstück der ganzen Gegend, und die Gemeinden Völs, Kastelruth und Tiers hüten sie wie einen kostbaren Schatz. Die Burg eignet sich gut für einen Halbtagesausflug mit dem Auto, vor allem bei unsicherem oder schlechtem Wetter, wenn man eine längere Bergwanderung in größere Höhen nicht wagen möchte.
Man kann natürlich zum Schloß Prösels auch auf langen Wegen mitten im Grünen hinaufwandern. Die Strecke ist zum großen Teil mit dem Wanderweg nach Völsegg und Schönblick identisch, den wir bereits an anderer Stelle beschrieben haben. Man erreicht die Burg schließlich über die Wiesen vom »Schnaggenkreuz«. Man kann dann mit dem Linienbus nach Tiers zurückfahren.

Schloß Prösels
Wahrscheinlich wurde das Schloß Prösels in den Jahren um 1200 vom Geschlecht derer von Völs erbaut, das im Namen der Bischöfe von Brixen das Gebiet verwaltete. Der äußere Torturm trägt über dem Eingang eine Inschrift mit der Jahreszahl 1517; der Bau der Burg war demnach in jenem Jahr bereits abgeschlossen. Im Jahre 1500 diente die Burg als Amtssitz für den Gerichtsbezirk Völs.
Leonhard von Völs, als Landeshauptmann, als Sagengestalt und Abenteuerheld in Hunderten von Erzählungen lebendig,

Das schöne Schloß Prösels mit dem Ort Völs im Hintergrund

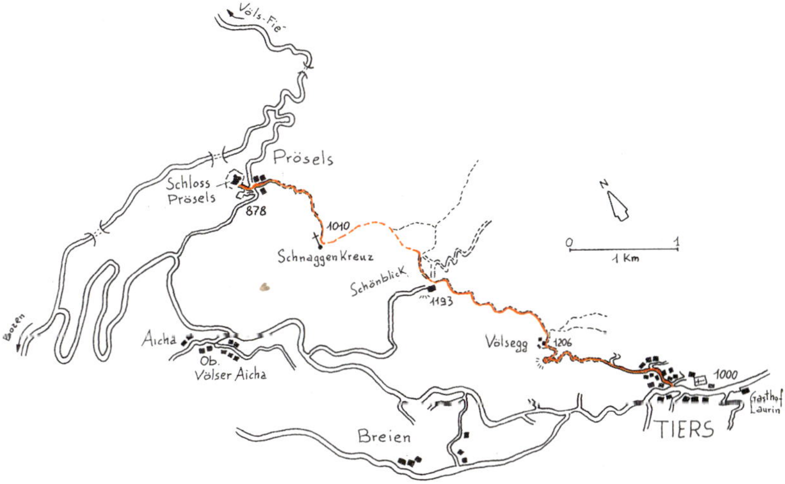

Der Innenhof von Schloß Prösels mit dem alten, überdachten Brunnen. Einige der Burgfassaden sind mit Fresken bemalt.

spielte von 1517 bis 1522 die Hauptrolle in der Geschichte der Burg. Er ließ die kleine und bescheidene Burg in die jetzige Form umbauen.
Eine angebliche verwandtschaftliche Verbindung von Leonhard von Völs mit der römischen Adelsfamilie Colonna beließ die Burg nach dem Tode Leonhards im Besitz dieses Geschlechts bis zum Jahre 1804, als der letzte Schloßherr kinderlos verstarb. Danach wechselte die Burg bis ins Jahr 1978 vierzehnmal den Besitzer; ihr letzter war Alois Mathà. Schließlich wurde sie ihrem Schicksal überlassen und verfiel teilweise.
Im Jahre 1981 kam dann die Rettung: Ein gemeinnütziges Kuratorium, unterstützt von den umliegenden Gemeinden Kastelruth, Völs und Tiers, nahm sich der Burg an. Mit der Gründung

Blick auf Schloß Prösels. Höchst interessant ist der Baustil der Burg.

der Vereinigung »Kuratorium Schloß Prösels« begannen die ersten großen Renovierungsarbeiten. Im Jahre 1982 war die Burg wieder zu neuem Leben erblüht und zu dem geworden, was wir heute auf unserer Wanderung bewundern können: ein faszinierendes Ausflugsziel mit einem interessanten Kulturangebot in der Sommersaison.
Bei der Besichtigung der Burg sollte man ein besonderes Augenmerk auf ihren Baustil richten. Wir empfehlen in jedem Falle eine Besichtigung mit Führer, um die interessante Geschichte der Burg und ihres berühmtesten Besitzers vollständig zu erfahren.
Besonders sehenswert im Schloß Prösels ist der Große Rittersaal, ein großer Speisesaal mit wunderbarer Holztäfelung.

Das Innere der Waffenkammer, auch Säulensaal genannt

Ebenso die Burgkapelle aus den Jahren 1520–1530. Die Waffenkammer, auch Säulensaal genannt, birgt eine wunderbare Waffen- und Rüstungssammlung, von der einige Stücke aus den Zeiten Leonhards von Völs stammen. Ein besonders seltenes Stück ist die Rüstung eines japanischen Samurai. Zum großen Teil jedoch stammen die ausgestellten Gewehre, Schwerter und Säbel aus dem 19. Jahrhundert.
Interessant ist die Gemäldesammlung der Burg, die sogenannte Batzenhäusl-Sammlung. Der Name geht auf eine bekannte Bozner Gaststätte zurück, das Batzenhäusl, die im Jahre 1882 als Künstlertreff galt, und wo sich vor allem Maler aus dem nördlichen Europa trafen, die zunächst als Urlauber in die Gegend gekommen waren. Einer dieser Maler, Anton Braith aus

Auch heute noch ist das Schloß Prösels mit zahlreichen Möbeln aus verschiedenen Epochen eingerichtet.

Biberach, hatte als erster die Idee, dem Restaurant eines seiner Bilder, ein Tiergemälde, als Schenkung zu überlassen, um »die nackten Wände« des Lokals zu schmücken. Ihm folgten andere mehr oder weniger bekannte Künstler, die, angeregt durch »den guten Wein und die Freundlichkeit des Wirtes«, ihre Werke im Lokal an die Wände hängten, bis die Sammlung zuletzt auf 200 Bilder angewachsen war.

In den darauffolgenden Jahren kam natürlich ein guter Teil aus verschiedensten Gründen abhanden, es blieben aber immerhin achtundneunzig Gemälde übrig, die schließlich von der Provinz Bozen gekauft wurden. Heute sind diese Bilder im Schloß Prösels ausgestellt.

Von der Burgmauer aus hat man eine herrliche Aussicht in Richtung Völs.

Rechts: Die Burgkapelle von Schloß Prösels

INFORMATIONEN ZUR BURGBESICHTIGUNG

Burgwärter: Michl Rabensteiner, Tel. (0471) 60 10 62
Sekretariat: Tel. (0471) 97 18 70

Burgführungen (täglich, außer Samstag)
Vom 1. 4. bis 31. 5.: Beginn um 11 - 14 - 15 Uhr
Vom 1. 6. bis 30. 6.: Beginn um 11 - 14 - 15 - 16 Uhr
Vom 1. 7. bis 31. 8.: Beginn um 10 - 11 - 15 - 16 - 17 Uhr
Vom 1. 9. bis 30. 9.: Beginn um 11 - 14 - 15 - 16 Uhr
Vom 1. 10. bis 31. 10.: Beginn um 11 - 14 - 15 Uhr
Vom 31. 10. bis 1. 4.: nur auf Voranmeldung

6 VON TIERS ZUM KIRCHLEIN SANKT SEBASTIAN

Schwierigkeit: kurz (Fußwanderung)
Max. Aufstiegshöhe: 1240 m
Höhenunterschied: 240 m
Zeitaufwand: ca. 1¼ Stunden für die ganze Ringwanderung

Ein schöner Spazierweg mitten im Grünen, Ausgangs- und Endpunkt sind identisch: Von Tiers geht es zum Gasthaus Pattissenhof und dann durch Wald bis zum Kirchlein Sankt Sebastian.

Wegbeschreibung
Ausgangspunkt der Wanderung ist der Platz vor dem Haus der Dorfgemeinschaft (Parkplatz) in Tiers.
Von hier geht ostwärts ein kleiner Weg ab, der unter die Bäume führt. Hier steht auch die Erste Station des Kreuzweges, eine schöne Holzschnitzerei, der bis zum Sebastiankirchlein emporführt. (Der Kreuzweg ist der steilste Aufstieg; auf unserer Wanderung gehen wir ihn nur bergabwärts.)
Man nimmt den Wanderweg nach dem Haus der Dorfgemeinschaft, trifft auf einen Teich, der von einem kleinen Wasserfall gespeist wird, und geht dann eine leichte Steigung hinauf und über die Wiesen oberhalb des Ortes. Der Weg führt ständig geradeaus und stößt schließlich beim Gasthaus Pattissenhof auf die Asphaltstraße.
Längs der Asphaltstraße geht es nun ein kurzes Stück zurück (Westen) bis zur Stelle, wo man ein Forststräßchen erreicht, das mit Kehren nordwärts hinaufzieht.
Die Schotterstraße führt in den Wald, steigt gleichmäßig an und bringt bequem auf die herrliche Lichtung mit dem Sebastiankirchlein.

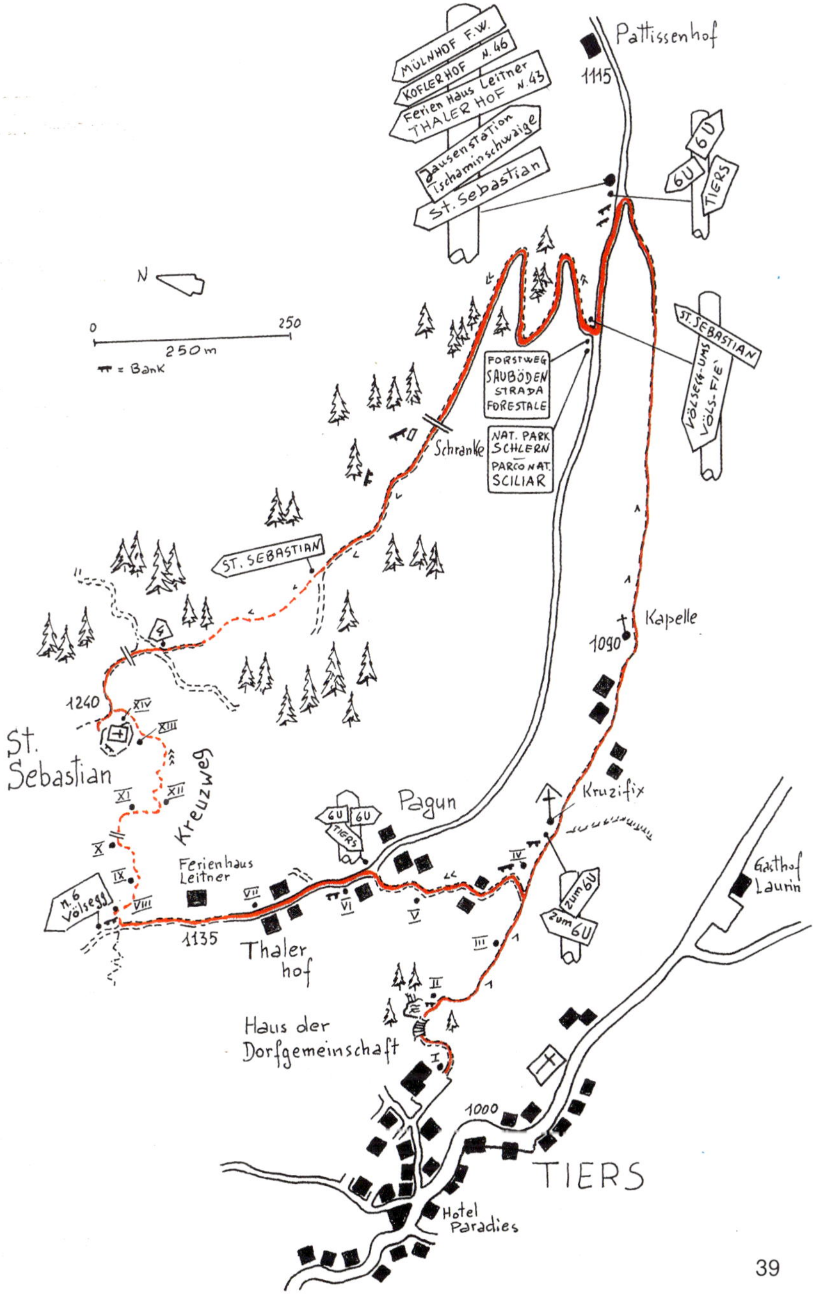

Pattissenhof
1115
MÜLNHOF F.W.
KOFLERHOF N.46
Ferien Haus Leitner
THALER HOF N.43
Jausenstation
Tschaminschwaige
St. Sebastian
6U
6U
6U
TIERS
N
0
250
250 m
= Bank
FORSTWEG
SAUBÖDEN
STRADA
FORESTALE
NAT. PARK
SCHLERN
PARCO NAT.
SCILIAR
Schranke
ST. SEBASTIAN
VÖLSEGG-UMS
VÖLS-FIE'
ST. SEBASTIAN
Kapelle
1090
1240
St.
Sebastian
XIV
XIII
XII
XI
X
IX
VIII
VII
VI
V
IV
III
II
I
Kreuzweg
N.6
Völsegg
Ferienhaus
Leitner
1135
Thaler
hof
Pagun
6U
6U
TIERS
Kruzifix
zum 6U
zum 6U
Gasthof
Laurin
Haus der
Dorfgemeinschaft
1000
TIERS
Hotel
Paradies

Auf dem Weg zum Pattissenhof geht es quer über die Wiesen oberhalb von Tiers.

Den Abstieg bewältigt man längs des steilen Weges, der direkt unterhalb des Kirchleins hinabführt und dort zunächst einer Einzäunung folgt. Die Strecke säumen die Bildstöcke des Kreuzweges, der von Tiers heraufzieht.
Schließlich erreicht man die Kreuzung auf 1166 m (Ruhebank, VIII. Kreuzwegstation, Schild Naturpark Schlern), biegt hier

Blick auf Tiers vom Sträßlein aus, das von Pagun in den Ort hinunterführt

nach links (Osten) auf den Weg ab, der einem Bretterzaun folgt.
Man geht an einigen Höfen vorbei, biegt dann nach rechts (nach der V. Kreuzwegstation steht der Wegweiser »Tiers«) und stößt schnell auf den Weg vom Aufstieg, der oberhalb von Tiers die Wiesen quert.

Das von Tannen umgebene Sankt-Sebastian-Kirchlein steht am Rande einer Lichtung auf 1240 m Höhe. Auf einem Spazierweg leicht erreichbar, ist es ein schönes Ausflugsziel in der Umgebung von Tiers.

Links: Ein herrlicher Wanderweg geht beim Gasthof Pattissenhof ab und führt zum Kirchlein Sankt Sebastian.

7 WALDWANDERUNG VON TIERS NACH SCHÖNBLICK

Schwierigkeit: mittel (Fußwanderung); bei guter körperlicher Kondition auch mit dem Mountainbike befahrbar
Max. Aufstiegshöhe: 1247 m
Höhenunterschied: 247 m (Höhenunterschied im Aufstieg auf dem Hinweg)
Zeitaufwand: 45 Minuten von Tiers nach Völsegg; 20 Minuten von Völsegg nach Schönblick

Diese Wanderung ist für alle geeignet, führt teils auf Sträßchen, teils auf gut begehbaren Wanderwegen durch herrliche Wälder. Naturliebhaber können zuweilen seltene Blumen entdecken.

Wegbeschreibung
Die Wanderung beginnt in Tiers, vor dem Hotel Paradies und nur wenige Schritte von der API-Tankstelle entfernt. Wir folgen zunächst dem Weg von Tiers zum Aussichtspunkt von Völsegg (1206 m), dessen Beschreibung wir hier wiederholen:
Man folgt der Asphaltstraße, die inmitten der Häuser von Tiers mit der Markierung »4 - Tschafon« und »Völsegg« nach links (Westen) hinaufzieht. Bei den letzten Häusern des Ortes verläßt man den Wegweiser »4 - Tschafon«, der nach rechts zeigt, und geht statt dessen links auf einem schmalen Asphaltsträßchen bis zum Haus Tischler am Waldrand. Kurz darauf hört der Asphalt auf; man kommt zu einem kleinen Platz.
Nach der Sperrschranke der Forststraße geht man weiter bergauf, erreicht eine Kehre auf 1180 m (Aussichtspunkt mit Bank). Oberhalb der Kehre stehen die Häuser von Völsegg.
Nun ein kurzes Stück leicht ansteigend, dann eben auf einem Pfad über den grasbewachsenen Kamm von Völsegg, und man erreicht die kleine Kapelle Völsegger Bild auf 1247 m.
Weiter auf dem breiten Weg, der links bei der Kapelle abzweigt und geradeaus in nördlicher Richtung leicht abwärts in den Wald hineinführt.
Ein Schild weist auf den Beginn des Naturparks Schlern hin. Wir gehen auf einem guten und schattigen Weg durch eine

Eine Holzbrücke aus Baumstämmen führt über die kleine Talrinne zwischen Schönblick und Völsegg.

idyllische Berglandschaft. Wer sich in dieser Gegend entsprechend vorsichtig und leise bewegt, kann so manches Eichhörnchen beobachten.
Nach einem langen Stück unter Tannen überwindet unser Sträßchen dank der Stege aus Baumstämmen ohne Probleme einige steinige Rinnen.
Kurz bevor wir aus dem Wald treten und dann auf die Wiesen mit der Jausenstation Schönblick (1193 m) stoßen, kann man am Wegesrand herrliche Glockenblumen blühen sehen.
Zurück geht es auf dem vom Aufstieg bereits bekannten Weg.

Ein wunderschöner Schwalbenschwanz (Papilio machaon) fliegt dem Fotografen auf dem Weg nahe der Jausenstation Schönblick vor die Linse.

Rechts: Am Wegesrand zwischen Schönblick und Völsegg kann man so manche Blume entdecken, wie diese herrliche Glockenblume.

Die Jausenstation Schönblick (1193 m). Das kleine Häuschen mit Panoramaterrasse erreicht man auf einem einfachen und schönen Waldweg von Völsegg aus.

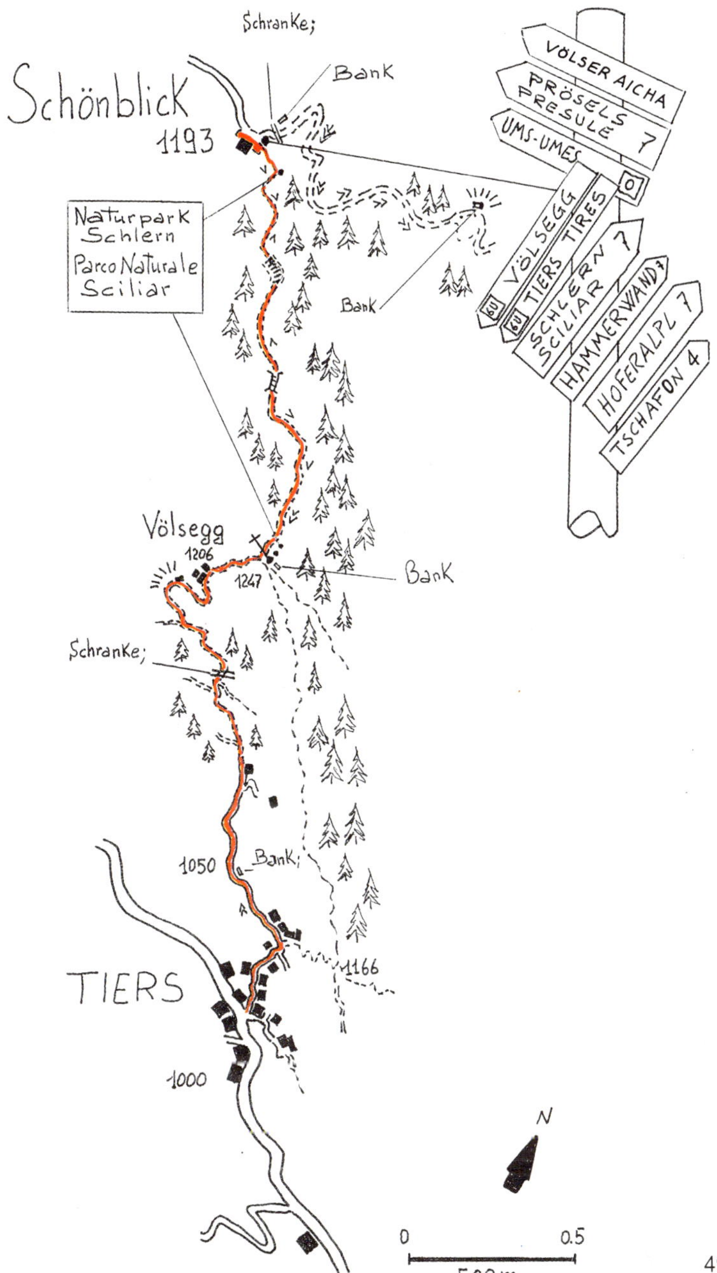
Schranke;
Bank
Schönblick
1193
VÖLSER AICHA
PRÖSELS
PRESULE 7
UMS-UMES
0
Naturpark
Schlern
Parco Naturale
Sciliar
VÖLSEGG
6U
TIERS TIRES
6U
SCHLERN 7
SCILIAR
HAMMERWAND
HOFERALPL 7
TSCHAFON 4
Bank
Völsegg
1206
1247
Bank
Schranke;
1050
Bank;
TIERS
1166
1000
N
0
0.5
500 m

8 ZUM VÖLSER WEIHER

Schwierigkeit: kurz (Fußwanderung)
Höhenunterschied: 10 m (vom Parkplatz zum Weiher)
Max. Aufstiegshöhe: 1274 m
Zeitaufwand: 10 Minuten (vom Parkplatz zum Völser Weiher)

Ein klassischer, kurzer Spazierweg um zwei blaue Weiher am Rande des Naturparks Schlern herum.

Wegbeschreibung
Mit dem Auto oder öffentlichen Linienbus fährt man nach Völs. Wer mit dem eigenen Auto kommt, fährt durch den Ort hindurch und schlägt nach ca. eineinhalb Kilometern rechter Hand eine enge Asphaltstraße ein, die zu einem gebührenpflichtigen Parkplatz (Schranke und Parkplatzwächter) im Wald auf 1055 m Höhe führt. Vor allem samstags und sonntags ist der Völser Weiher ein begehrtes Ausflugsziel, und der Parkplatz kann überfüllt sein; die Ampel am Zufahrtssträßchen im Tal zeigt eine etwaige Überfüllung an. In diesem Falle geht man direkt von Völs aus in etwa 40 Minuten den Fußweg zum Völser Weiher hinauf.
Vom bewachten Parkplatz aus erreicht man in zehn Minuten über eine leichte Steigung die Ufer des Völser Weihers mit Badestegen, Bootsverleih und dem alten Weihergasthaus. Der See ist ideal zum Baden! Im Süden des Sees liegt das Waldsee-Hotel mit Kinderspielplatz und Volleyballplatz. Oberhalb des Weihers führt in östlicher Richtung ein Forststräßchen in den Wald und leicht ansteigend zum zweiten Weiher, dem sogenannten Huber-Weiher mitten im Wald. Keinerlei touristische Einrichtung stört hier die herrliche Waldlandschaft, und im See ist Baden verboten. Infolgedessen ist er gewöhnlich weniger von Besuchern überlaufen.

Der romantische Völser Weiher (1056 m) am Fuße des Schlerns ist leicht erreichbar.

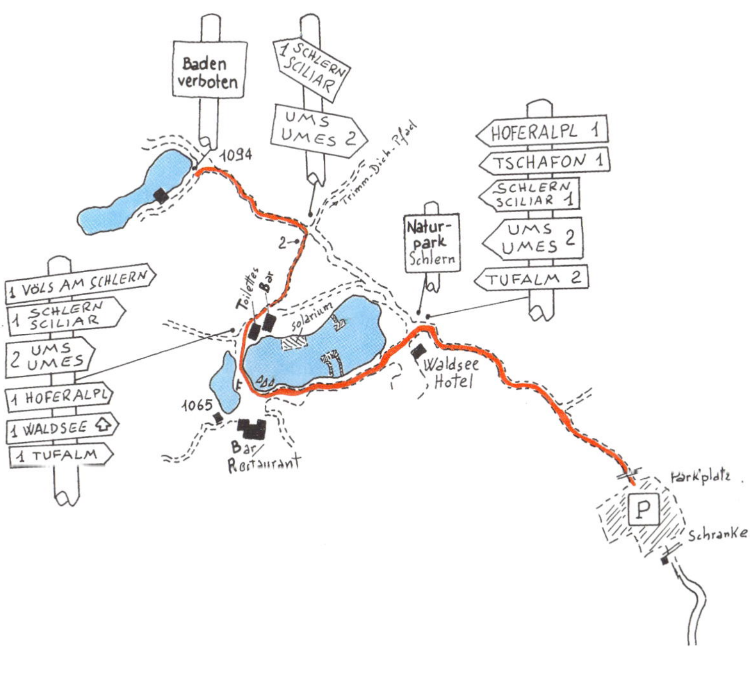

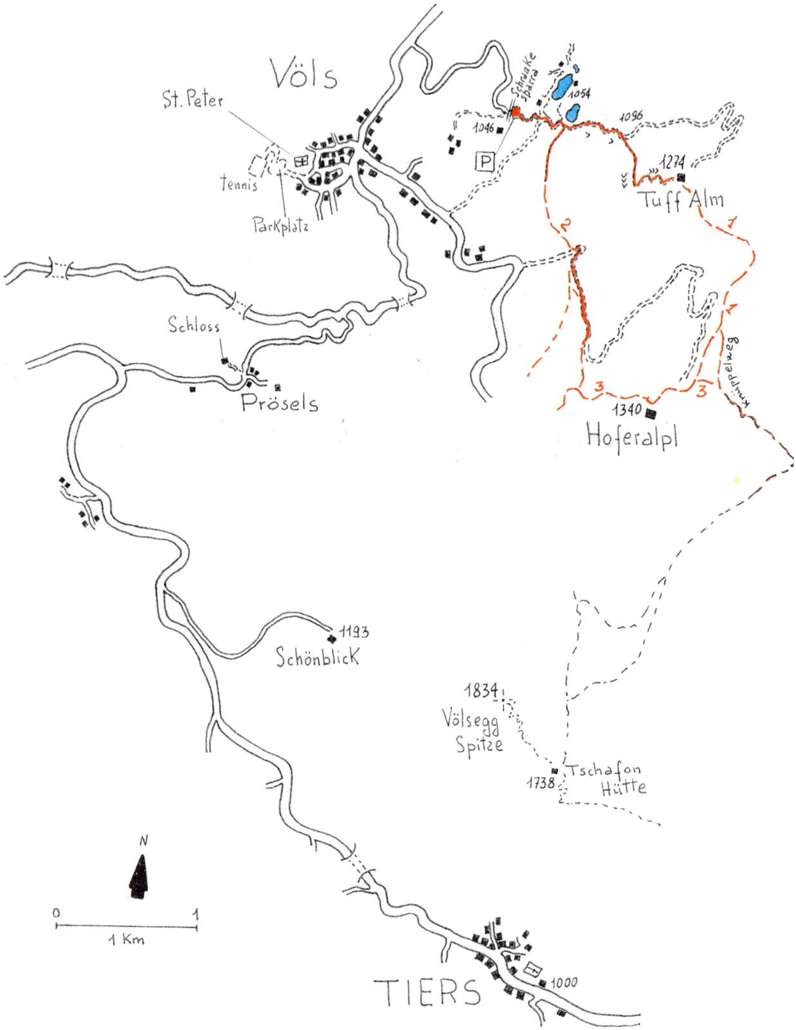
Völs
St. Peter
tennis
Parkplatz
Schranke
sbarra
1054
1046
1096
P
1274
Tuff Alm
1
2
Schloss
Prösels
3
1340
Hoferalpl
Knüppelweg
1193
Schönblick
1834
Völsegg
Spitze
Tschafon
Hütte
1738
N
0
1
1 Km
TIERS
1000

Im Röhricht am Uferrand des Völser Weihers kann man bisweilen sympathische Bekanntschaften schließen.

9 AUFSTIEG ZUR TUFFALM UND ZUM HOFERALPL

Schwierigkeit: mittel (Fußwanderung)
Höhenunterschied: 219 m (vom Parkplatz beim Weiher zur Tuffalm)
Max. Aufstiegshöhe: 1274 m
Zeitaufwand: 40 Minuten vom Parkplatz zur Tuffalm

Wegbeschreibung

Vom Völser Weiher kann man auf einem schönen Forststräßchen durch den Wald und am Huber-Weiher vorbei in et-

Ein Panoramablick von 140 Grad auf den Huber-Weiher. In dem ruhigen See ist Baden verboten. Er ist nur wenig vom überlaufenen Völser

wa einer halben Stunde zur Tuffalm auf 1274 m Höhe hinaufwandern. Die Strecke ist mit den Wegweisern »Tuffalm 2« markiert.

Von der Schotterstraße geht in einer Kurve ein Weg ab, auf dem man über eine kürzere (im letzten Stück unter der Alm starke) Steigung die Alm erreicht.

Weiher entfernt, der leichter zu erreichen ist und durch seine touristischen Einrichtungen vor allem im Sommer zahllose Besucher anzieht.

Variante
Lohnend ist zweifelsohne der längere Weg von der Tuffalm zum Hoferalpl.
Man folgt zunächst dem Wanderweg mit der Nr. 1. Hat man den kleinen Völser Bach überquert, braucht man etwa eine halbe Gehstunde bis zum Hoferalpl. Von hier kann man dann auch nach Ums hinabwandern.

10 ZUR HAGNER ALM UND ZUM SCHILLERHOF MIT ABSTIEG IN DIE WOLFSGRUBE

Schwierigkeit: mittel bis lang (Fußwanderung)
Höhenunterschied: 725 m (im Abstieg bis Tiers)
Max. Aufstiegshöhe: 1690 m (Nigerpaß)
Zeitaufwand: ca. 2½ Stunden (vom Nigerpaß nach Tiers, Pausen nicht mitgerechnet)

Über Wege und Sträßchen wandern wir vom Nigerpaß zur Hagner Alm und zum Schillerhof und steigen dann in Richtung Tiers in die waldige Wolfsgrube ab.

Wegbeschreibung

Ausgangspunkt unserer Wanderung ist der Nigerpaß. Man kann ihn leicht erreichen: mit dem Auto über eine schöne Asphaltstraße oder, besser, mit dem Linienbus von Tiers oder Sankt Zyprian aus.

Die letzte Haltestelle des Busses in Sankt Zyprian ist genau gegenüber dem Zyprianer Hof, von dem aus man einen prächtigen Blick auf die Rosengartengruppe hat und in dem man die herrlichsten Südtiroler Spezialitäten serviert bekommt.

Am Nigerpaß gibt es einen großen Parkplatz. Auf der rechten Straßenseite steht die neuerbaute Nigerhütte (1690 m). Und genau am kleinen Platz neben der Hütte beginnt ein schöner Wanderweg, der auch gleich in den Wald eindringt.

Unser Wanderausflug, der uns zu Fuß zur Hagner Alm, der ersten Station unserer Wanderung, hinaufführt, läßt die schöne Forststraße, die vor der Hütte links abgeht, unbeachtet (mit Wegweiser »Forstweg Niger« markiert).

Unser Weg verläuft im Schatten der Tannen, führt bald recht steil bergab, ist aber trotzdem einfach zu bewältigen. Wer die Stille dieser Wanderung durch die herrliche Natur zu schätzen weiß, wird so manche sympathische Bekanntschaft mit Tieren und Blumen machen. So kann man ohne weiteres eine Reihe niedlicher Hasen hüpfen sehen, die der Mutter folgend unseren Weg kreuzen.

Ein Schnappschuß auf der Hagner Alm (1555 m Höhe): Das Profil des zackenreichen Latemarkammes spiegelt sich im Hüttenfenster mit Blumen.

An manchen Stellen kreuzt unser Weg ein Forststräßchen, dem er dann über ein kurzes Stück hin folgt. Die Ausschilderung mit Wegweisern und weiß-roten Zeichen führt jedoch immer problemlos auf den richtigen Weg zurück.
Man folgt der bewaldeten Rippe, unser Weg überquert einige kleine Lichtungen, und auf 1655 m Höhe (Buselineck) genießt man herrliche Blicke auf das Tierser Tal.
Auf einem Schottersträßchen geht es nun ein Stück bergab, und auf 1610 m Höhe kommt man an eine Schranke.
Hier mündet der Weg in eine teils eben, teils leicht bergab verlaufende breite Forststraße, die bald darauf mit einem schönen Blick auf den Latemar am Rande herrlich weiter Wiesen entlangführt (1600 m, kleiner Hof mit Stall).

Der Wanderweg Nr. 1 vom Nigerpaß erlaubt am Buselineck (1655 m) so manch schönen Blick auf das grüne Tierser Tal.

Weiterhin leicht abwärts. An der nächsten Abzweigung steht der gut erkennbare Wegweiser zur nahen Hagner Alm.
Die Alm (1555 m) unterhält neben der Almwirtschaft auch eine Gaststätte. Von hier hat man einen wunderschönen Ausblick auf die Rosengartengruppe und den Latemar.
Nachdem wir uns bei Heidelbeeren mit Sahne, eine der Spezialitäten der Alm, ausgeruht haben, geht es nun weiter zum Schillerhof.
Wir verlassen die Hagner Alm, gehen zunächst etwa hundert Meter auf dem Forststräßchen vom Aufstieg wieder zurück und biegen dann in den Wanderpfad (Nr. 4A) ein, der links im Wald quert. Eine kleine Abkürzung, die uns schneller die Forststraße zum Schillerhof erreichen läßt.

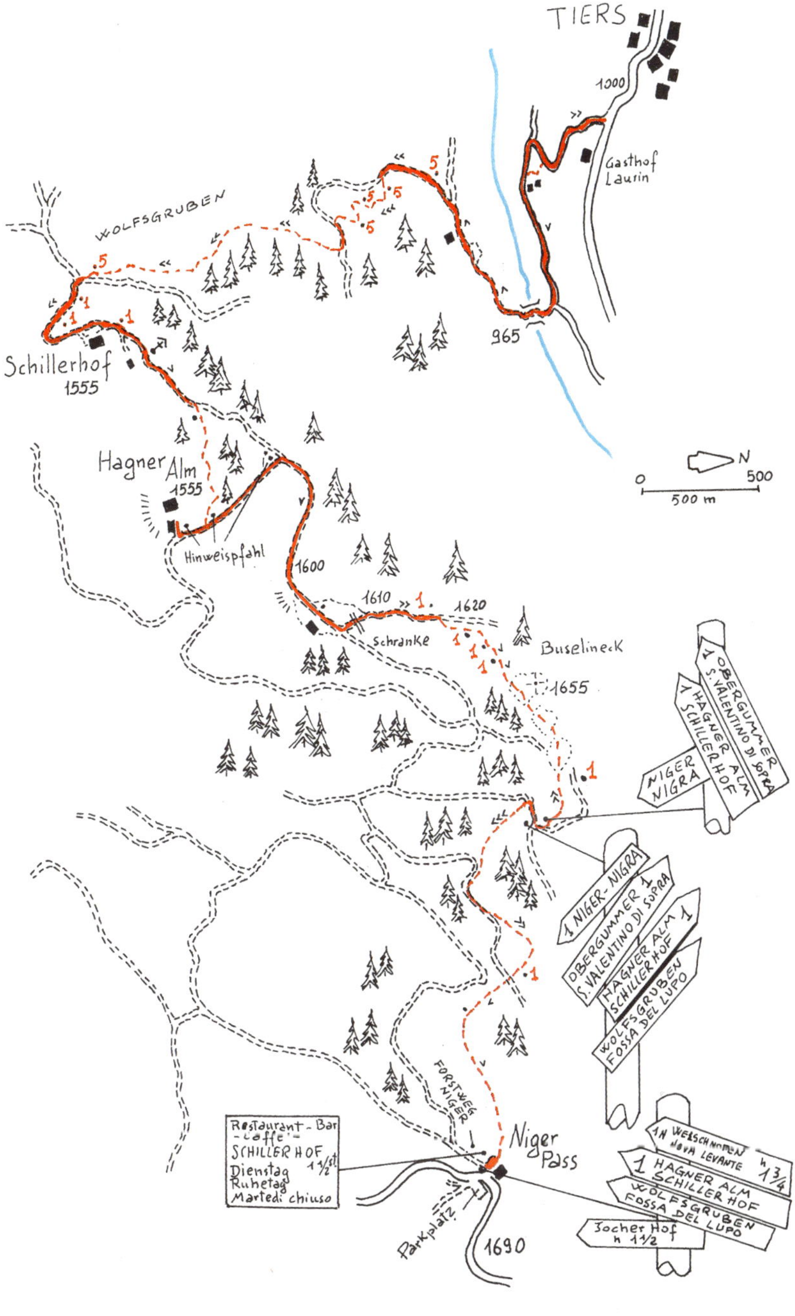
TIERS
1000
Gasthof Laurin
965
WOLFSGRUBEN
Schillerhof
1555
Hagner Alm
1555
Hinweispfahl
1600
1610
1620
Schranke
Buselineck
1655
N
0
500
500 m
1 OBERGUMMER S. VALENTINO DI SOPRA
1 HAGNER ALM SCHILLERHOF
NIGER NIGRA
1 NIGER - NIGRA
OBERGUMMER 1 S. VALENTINO DI SOPRA
HAGNER ALM 1 SCHILLERHOF
WOLFSGRUBEN FOSSA DEL LUPO
FORSTWEG NIGER
Restaurant - Bar - Caffè -
SCHILLERHOF 1 1/2 st
Dienstag Ruhetag
Martedì chiuso
Niger Pass
Parkplatz
1690
1A WELSCHNOFEN NOVA LEVANTE h 1 3/4
1 HAGNER ALM SCHILLER HOF
WOLFSGRUBEN FOSSA DEL LUPO
Jocher Hof h 1 1/2

Nach der Schranke auf 1610 m Höhe führt die Forststraße mit einer herrlichen Aussicht auf den Latemar zur Hagner Alm empor.

An der Einkehrstätte Schillerhof legen wir eine weitere Pause ein, bevor es dann erneut auf der Schotterstraße bergab geht: Nach einer ersten Kehre kommen wir zu einer Kurve, von der gut markiert ein Pfad abgeht, der schnell in eine enge Waldschlucht abfällt. Wir sind in der Wolfsgrube, inmitten einer herrlich grünen, wilden und romantischen Berglandschaft. Die immer gut erkennbare Wegspur führt am Rande der Wolfsgrube entlang und überwindet streckenweise recht steile Abschnitte. Unser Weg, abschnittsweise mit Tiers/5 markiert, erreicht eine Forststraße in der südlichen Hälfte (unterhalb von Tiers) des Tierser Tales. Schließlich überquert man auf 965 m auf einer Brücke den Breibach. Nach der Brücke geht es etwa sechshundert Meter lang auf Asphaltstraße bergab, man erreicht einige Häuser und rechter Hand den Beginn eines Saumweges.

Vom Schillerhof (1555 m), einer gut geführten Einkehrstätte, hat man eine wunderschöne Aussicht auf die Rosengartengruppe.

Bald kommt dieser etwas weiter oben bei einer Asphaltstraße heraus, und man erreicht dann problemlos auf der Höhe des Gasthofes Laurin die Talstraße.
Wieder zurück in Tiers, sei die ausgezeichnete Küche des Gasthofes Laurin empfohlen.

Anmerkung
Wer mit dem Auto zum Nigerpaß hinaufgefahren ist, muß von Tiers mit dem Linienbus wieder zu seinem Wagen zurück. Man sollte sich jedoch genauestens und rechtzeitig über die Fahrzeiten in der Sommersaison informieren. Von Tiers aus fährt der Bus aus Bozen normalerweise am frühen Nachmittag; zeitlich besser liegt wahrscheinlich der Bus, der um 17 Uhr zwar nicht in Tiers, sondern am Platz von Sankt Zyprian, in der Nähe

Auf dem Abstieg von der Wolfsgrube fällt der Blick bisweilen auf das Tierser Tal.

des Zyprianer Hofes abfährt. Wer also wieder zum Nigerpaß zurück muß, sollte nach der Brücke über den Breibach auf 965 m Höhe direkt nach Sankt Zyprian aufsteigen.
Ansonsten bleibt immer noch die Möglichkeit, sich etwa vom Hotel abholen zu lassen oder es per Anhalter zu versuchen.

Links: Ein romantischer, zumeist von Tannennadeln übersäter Wanderweg säumt im Schatten die wilde und grüne Wolfsgrube.

Die gelungene Restaurierung der alten Wassermühle im Ort Tiers. Die schöne Mühle ist voll funktionsfähig und zu besichtigen.

11 ZUR ALTEN WASSERMÜHLE IN TIERS

Schwierigkeit: kurzer Spazierweg in Tiers
Höhe: 1000 m

Die Besichtigung der schönen alten Wassermühle in Tiers nimmt nur wenig Zeit in Anspruch. Die hervorragend restaurierte Mühle mit großem Mühlstein ist voll funktionstüchtig. Nach Absprache mit dem Fremdenverkehrsbüro am Ort kann man auch das Innere besichtigen.
Ein weiteres Musterbeispiel gelungener Restaurierung ist übrigens die charakteristische »venezianische Säge« am Eingang zum Tschamintal neben der Einkehrstätte Tschaminschwaige.

Links: Ein schöner Regenbogen über den Häusern von Tiers. Im Hintergrund sieht man den Waldhang Nigerpaß-Wolfsgrube, auf dem unsere Wanderung verläuft.

12 VOM NIGERPASS ZUR HAGNER ALM UND NACH WELSCHNOFEN

Schwierigkeit: mittel (zu empfehlen mit dem Mountainbike, aber auch zu Fuß möglich)
Höhenunterschied: 483 m (im Abstieg); kurze Steigungsstücke zwischen Nigerpaß und Hagner Alm
Max. Aufstiegshöhe: 1743 m (Frommeralm)
Zeitaufwand: 40 Minuten vom Nigerpaß zur Hagner Alm (mit dem Fahrrad); ca. 30 Minuten von der Hagner Alm bis zur Talstation des Sessellifts Laurin I (Pension Rosengarten in Welschnofen)

Eine einfache und bequeme Wanderstrecke, auf der es fast nur bergab geht und die man ohne Probleme und flott über Forstwege hinweg zurücklegen kann. Eine ideale und leichte Ausflugsfahrt mit dem Mountainbike!

Wegbeschreibung

Ausgangspunkt dieser Radwanderung ist der Parkplatz bei der Frommeralm zwischen dem Niger- und Karerpaß. Auf schöner Asphaltstraße und ständig abwärts erreicht man nach wenigen Minuten den Nigerpaß und den kleinen Platz vor der Nigerpaßhütte. Nun auf dem »Forstweg Niger«, klar und gut mit »Hagner Alm/Schillerhof/1« markiert.

Man kommt sogleich an eine Gabelung: Die Schotterstraße, die links schnell und deutlich bergabwärts zieht, wird nicht beachtet. Statt dessen folgt man dem Weg, der nach rechts abbiegt, anfangs eben und alsdann leicht bergab weiterführt. Wir fahren durch Wald, hinein in kleine Tälchen und wieder hinaus, Abfahrten und leichte Steigungen wechseln sich ab. Bei gemütlicher Fahrweise erreichen wir in etwa einer halben Stunde die Häuser auf 1650 m Höhe und von dort in wenigen Minuten und weiterhin abwärts unser Ausflugsziel, die Hagner Alm mit einem wunderschönen Panorama (1555 m). Herrlich weite Aussicht auf den Rosengarten und Latemar!

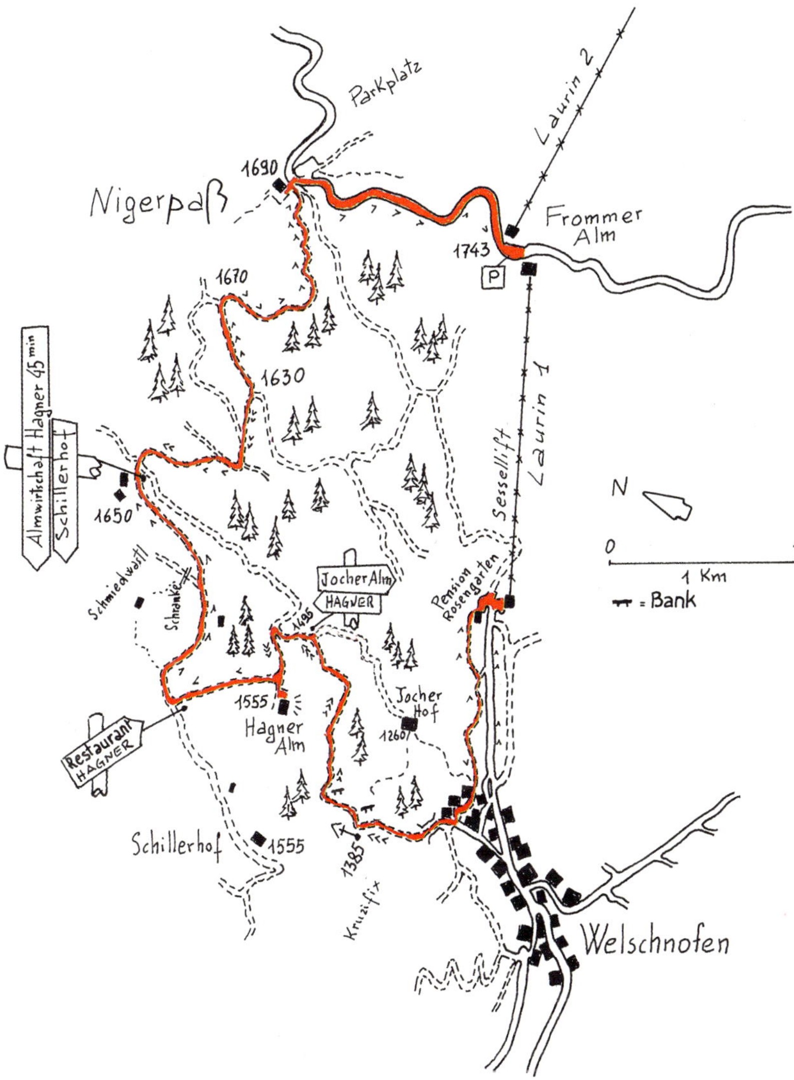

Parkplatz
Laurin 2
1690
Nigerpaß
Frommer Alm
1743
P
1670
1630
Laurin 1
Sessellift
Almwirtschaft Hagner 45 min
Schillerhof
1650
N
0
1
1 Km
= Bank
Jocher Alm
HAGNER
1695
Pension Rosengarten
Schmiedwastl
Schranke
1555
Hagner Alm
Jocher Hof
1260
Restaurant HAGNER
Schillerhof
1555
1385
Kruzifix
Welschnofen

Der schöne »Forstweg Niger« führt mit herrlichen Ausblicken auf den

Vor der Hagner Alm führt ein äußerst steiles Stück Schotterstraße in die Schlucht des Ratzöhlerbaches hinunter und zu den letzten Häusern oberhalb Welschnofens. Das sehr steile Sträßchen wird die Radbremsen auf eine harte Probe stellen! Beim letzten Brücklein der Forststraße, wo der Asphalt beginnt, sollte man links ein Sträßchen einschlagen (4D): Im Auf und Ab unter Tannen und mit einigen recht steilen Steigungsabschnitten erreicht man den Parkplatz vor der Pension Rosengarten und seinen Wagen, ohne deshalb ganz in die Schlucht hinunterfahren zu müssen.

Rosengarten durch den Wald zwischen Nigerpaß und Hagner Alm.

Anmerkung

Auf dieser Radwanderung empfehlen wir, die Fahrräder am Parkplatz an der Frommeralm abzuladen. Mit dem Auto fährt man dann vom Karerpaß nach Welschnofen und von dort zum Parkplatz an der Talstation des Sessellifts Laurin I zurück. Der Fahrer fährt dann in nur zwanzig Minuten mit dem Sessellift zur Frommeralm hinauf und stößt wieder zur Wandergruppe. Dies hat den Vorteil, daß die gesamte Wanderung bergabwärts verläuft und bei der Rückkehr sogleich das Auto bereitsteht. (Achtung bei unsicherer Wetterlage!)

13 DIE HANICKERSCHWAIGE ZU FÜSSEN DES ROSENGARTENS (LAURINSWAND)

Schwierigkeit: lang
Höhenunterschied: 310 m (im Anstieg auf dem Hinweg); 673 m (im Abstieg bis zum Hotel Zyprianer Hof)
Max. Aufstiegshöhe: 2000 m (die Wiesen zu Füßen der Laurinswand)
Zeitaufwand: 2¼ Stunden vom Nigerpaß zur Hanickerschwaige

Vom Nigerpaß aus führt ein Weg zu den Wiesen am Fuße der Vajolettürme und der Laurinswand. Ein schöner Abstieg durch Wald und über Wiesen bringt zuletzt nach Tiers/Sankt Zyprian zurück.

Wegbeschreibung

Unter den klassischen Wanderungen im Tierser Tal ist dies mit Sicherheit diejenige, die man keineswegs versäumen sollte. Der Aufstieg zur Hanickerschwaige ist ausgesprochen schön, und die Ausblicke vom Abstiegsweg ins Tierser Tal hinab sind einzigartig.

Idealer Ausgangspunkt für diese herrliche Wanderung ist wohl das Hotel Zyprianer Hof in Sankt Zyprian an der Straße zum Nigerpaß. Auf dem großen Parkplatz vor dem Hotel kann man bequem sein Auto abstellen; hier befindet sich auch die Haltestelle der Busse, die zum Nigerpaß hinauffahren. Auf unserer Rundwanderung kommen wir zum Schluß wieder zum Zyprianer Hof zurück.

Aufstiegsweg

Mit dem Auto oder dem Bus zum Nigerpaß. Vom Parkplatz am Paß (1690 m) geht in östlicher Richtung eine Forststraße ab, die gleichmäßig im Schatten des Waldes bergauf führt.

Rechts: Der Weg zur Hanickerschwaige führt über die Bergwiesen am Fuße der Laurinswand.

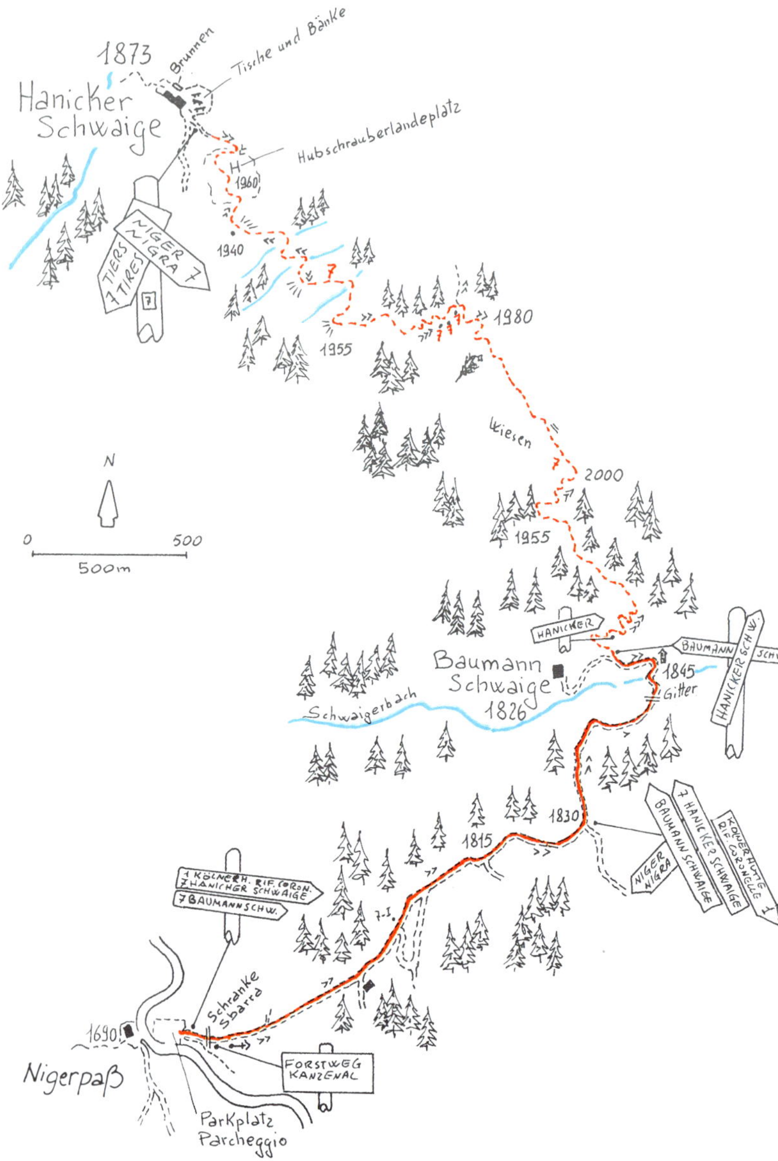

1873
Brunnen
Tische und Bänke
Hanicker Schwaige
Hubschrauberlandeplatz
H
1960
1940
NIGER NIGRA 7
TIERS TIRES 1
7
1955
1980
N
0
500
500m
Wiesen
2000
1955
HANICHER
Baumann Schwaige 1826
BAUMANN SCHW.
HANICKER SCHW.
1845
Gitter
Schwaigerbach
1830
1815
NIGER NIGRA
BAUMANN SCHWAIGE
7 HANICKER SCHWAIGE
RIF. CORONELLE
KÖLNER HÜTTE
1 KÖLNER H. RIF. CORON.
7 HANICHER SCHWAIGE
7 BAUMANN SCHW.
7-1
Schranke Sbarra
1690
Nigerpaß
FORSTWEG KANZENAL
Parkplatz Parcheggio

Die Laurinswand von der Forststraße, die vom Nigerpaß zur Baumannschwaige emporführt.
Bild auf der nächsten Seite: Hanickerschwaige

Der Wanderweg Nr. 7 zur Baumannschwaige und Hanickerschwaige ist mit Markierungspfählen gut ausgeschildert.
Man folgt also der Schotterstraße und erreicht bequem das Tal des Schwaigerbaches auf 1845 m Höhe (Holzgatter), nur wenige Schritte von der Baumannschwaige entfernt. Noch vor der Hütte geht seitlich der Straße ein Pfad ab, der mit steilem Verlauf in den Wald führt. Die anstrengende Steigung gehen wir im Schatten des Waldes bis auf 2000 m hinauf.
Fast eben überquert nun ein Weg die Wiesen im Westen des Rosengartens und der Vajolettürme. Herrliche Aussicht auf das Tierser Tal!
Dann geht es wieder in den Wald hinein: Unser Weg führt teilweise bergab, wir verlieren an Höhe und steigen dann wieder

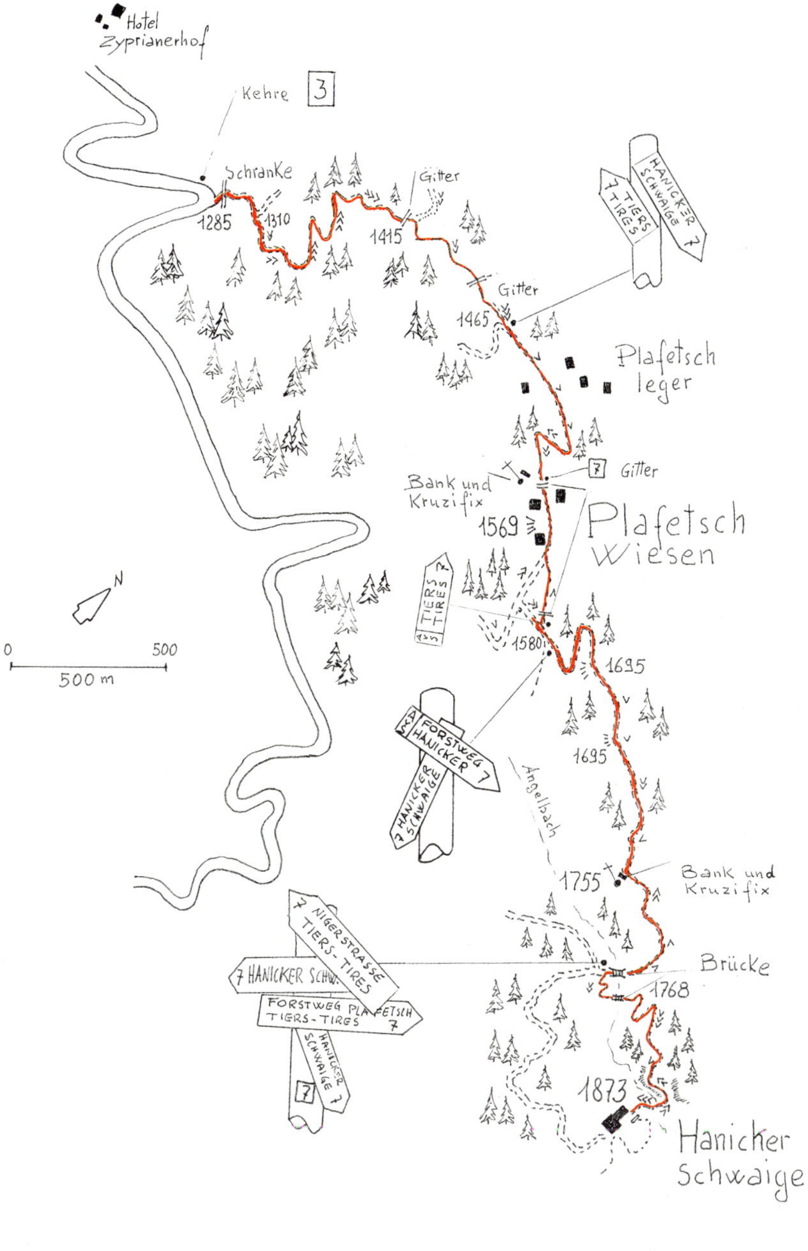
Hotel Zyprianerhof
Kehre
3
Schranke
1285
1310
Gitter
1415
Gitter
1465
Plafetsch leger
Bank und Kruzifix
7 Gitter
1569
Plafetsch Wiesen
1580
1695
1695
Angelbach
1755
Bank und Kruzifix
Brücke
1768
1873
Hanicher Schwaige
N
0
500
500 m
HANICKER SCHWAIGE 7
7 TIERS TIRES
TIERS TIRES 7
FORSTWEG HANICKER 7
7 HANICKER SCHWAIGE
NIGERSTRASSE TIERS-TIRES 7
7 HANICKER SCHW.
FORSTWEG PLAFETSCH TIERS-TIRES 7
HANICKER SCHWAIGE 7
7

Oben: Ein schönes Kruzifix steht am »Forstweg Plafetsch«.
Links: Auf der Wanderung hinab ins Tierser Tal führt ein Brücklein über den Angelbach.

hinauf, überwinden dabei zahlreiche Rinnen, die ins Tierser Tal hinunterziehen.
Nach einigen kurzen Steigungsstücken erreicht man die Bergwiesen am Fuße der gewaltigen Laurinswand. Man überquert die Wiesen und geht dann in ein grasbewachsenes Tälchen hinunter, über dem die schönen Felsspitzen der Vajolettürme gen Himmel streben und in dem auch die Einkehrstätte Hanickerschwaige (1873 m) liegt, auf manchen Wanderkarten auch als Costahütte bezeichnet.
Wir lassen uns auf den Bänken an den Tischen vor der Hütte nieder und genießen die ausgezeichneten lokalen Spezialitäten, wie etwa den herrlichen »Kaiserschmarrn«, der die Küche der Hanickerschwaige nicht umsonst berühmt gemacht hat.
Nach der Ruhepause bei der Hütte gehen wir den Rückweg an.

Ein prächtiges Panorama auf den Rosengarten und die Vajolettürme

Man kann natürlich auch den gleichen Hinweg zum Nigerpaß zurückgehen. Schöner ist jedoch der folgende Abstiegsweg hinunter ins Tierser Tal.

Abstiegsweg

Wer will, kann also kurz vor der Hanickerschwaige auf der Schotterstraße in den Wald hineingehen und erreicht dann schnell die Kehren der Asphaltstraße, die von Tiers zum Nigerpaß hinaufführt.

Wir jedoch ziehen einen schöneren Abstieg vor, gehen an der Hanickerschwaige vorbei und folgen dem Weg, der in Richtung Norden im Schutze des Berges die bewaldete Rippe entlang-

genießt man von den Häusern und Wiesen von Plafetsch aus.

führt, die auf der rechten Talseite nach Tiers hinabzieht. Im Schatten der Tannen geht es bergab, und man erreicht die Schlucht des Angelbaches. Man geht über das erste Holzbrücklein weiter bergabwärts. Bei der zweiten Brücke findet man den gut erkennbaren Wegweiser zum »Forstweg Plafetsch« mit der Nr. 7 nach Tiers, der gleich hinter der Brücke beginnt. Dieses Schottersträßchen verläuft anfangs im leichten Anstieg, erreicht ein Kruzifix, verläuft dann eben und schließlich zunehmend abwärts. Bald bietet unser Weg wunderschöne Ausblicke auf den Rosengarten und, etwas weiter, auf den Latemar. Nach zwei Kehren (1580 m Höhe) treffen wir auf den an dieser Stelle auch notwendigen Wegweiser Tiers 7, der uns

Unterhalb der Häuser von Plafetsch führt der Weg über grüne Bergwiesen (Plafetsch-Leger) nach Tiers/Sankt Zyprian hinunter.

auf einen Pfad führt, auf dem wir eben und schnell zu den schönen Wiesen und Häusern von Plafetsch kommen. Wir sind überwältigt von dem weiten Blick auf den Rosengarten mit den Vajolettürmen und der Laurinswand im Vordergrund. In der Ferne ist hinter dem Waldhang des Nigerpasses der Latemar erkennbar.

Nach den Häusern von Plafetsch und dem Gitter, das die Straße absperrt und neben dem ein schönes Kruzifix und eine Bank stehen, führt der Weg schnell bergab über grüne Bergwiesen mit vereinzelt kleinen Heuhütten. Nach den Wiesen bleibt auf 1465 m Höhe ein Schottersträßchen links liegen. Statt dessen geht man geradeaus und schnell bergabwärts in den Wald hinein. Bald geht es sehr steil hinunter. Schließlich kommt man an der Straße Sankt Zyprian–Nigerpaß auf der Höhe der dritten Kehre, wenige hundert Meter oberhalb des Zyprianer Hofes heraus.

14 VON DER TSCHAFONHÜTTE ZU DEN SCHLERNHÄUSERN

Schwierigkeit: sehr lange Fußwanderung; eine gute körperliche Kondition und ausreichende Bergerfahrung sind unbedingt erforderlich.
Höhenunterschied: ca. 900 m (insgesamt im Anstieg)
Max. Aufstiegshöhe: 2187 m (Mittagskofel)
Zeitaufwand: von der Tschafonhütte zum Schlernhaus am Petz (2457 m) ca. 5–5½ Stunden

Eine anspruchsvolle Bergwanderung, die von der Tschafonhütte über den Kamm auf die Hammerwand und dann zum Nigglbergkopf führt. Nur für Bergsteiger mit Trittsicherheit geeignet! Ziel sind die Schlernhäuser.

Wegbeschreibung

Ein gut erkennbarer Hinweispfahl an der Tschafonhütte weist den Wanderer darauf hin: Von hier zu den Schlernhäusern am Petz geht man 5 Stunden! Die Zeitangabe ist ziemlich genau, und wer nicht gut zu Fuß ist, kann auch länger brauchen. Also Vorsicht, diese Bergwanderung gehört mit Sicherheit zur anspruchsvolleren Sorte.

Wir lassen die Wiesen der Tschafonhütte hinter uns, durchqueren ein schönes Waldstück und steigen dann steil am Hang der Hammerwand auf. Am Ende kommen wir an der Nigglbergscharte (Abzweigung zum Gipfel der Hammerwand in 20 Minuten) heraus. Von der Scharte aus geht es nun auf dem Kamm zum Nigglbergkopf (2136 m), und man erreicht den Aussichtspunkt des Mittagskofels (2187 m). Dieses Mittelstück zwischen den beiden Gipfeln ist stellenweise recht ausgesetzt, und man kommt teilweise nur mit Hilfe von Stahlseilen weiter. Da heißt es gut aufpassen, vor allem nach dem bislang recht anstrengenden Aufstieg und an manchen recht glatten Passagen.

Nun verliert der Weg an Höhe, es geht vom Mittagskofel in die Senke des Tschafatsch-Sattels (2069 m) hinunter. Der Sattel ist mit einer schönen Grasdecke überzogen. Daneben zeigen große Felsblöcke den oberen Ausgang der steilen, von Tiers heraufführenden »Bärenfalle« an.

Blick auf das Tierser Tal mit der Profilkette von Völseggspitze, Tschafonsattel, Hammerwand und Nigglberg. Rechts hinten der weiße Gipfel des Petz.

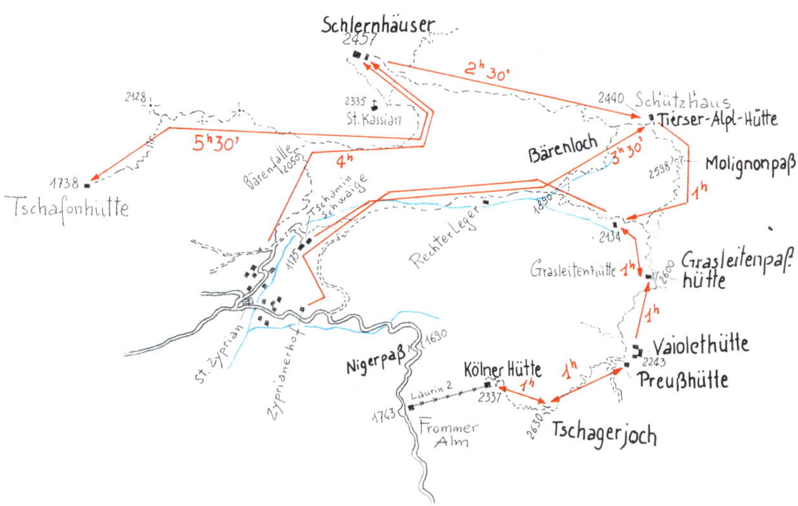

Blick von den Schlernhängen unterhalb der Schlernhäuser auf den Tschafatschkamm (2235 m). Links im Bild die Hütten bei der Sankt-Kassian-Kapelle.

Von hier geht es nun quer über Bergwiesen in einem weiten Bogen die Felsumrundung entlang, die sich um den Talschluß des kleinen Thomastales zieht. Man quert leicht oberhalb der Sankt-Kassian-Kapelle (2335 m) und erreicht auf dem Wanderweg Nr. 2 schließlich die Schlernhäuser am Petz auf 2457 m Höhe.

15 VON TIERS DURCH DIE BÄRENFALLE ZU DEN SCHLERNHÄUSERN

Schwierigkeit: lang (Fußwanderung)
Höhenunterschied: 1351 m (Summe der Höhenunterschiede im Anstieg)
Max. Aufstiegshöhe: 2457 m (Schlernhäuser)
Zeitaufwand: 4 Stunden

Ein Waldweg und ein sehr steiler Aufstieg in der sogenannten Bärenfalle. Das sind die auffallendsten Merkmale dieser herrlichen Wanderung von Tiers/Weißlahnbad hinauf zu den Schlernhäusern.

Wegbeschreibung

Nur wer gut zu Fuß ist, sollte diese Bergwanderung angehen, die schon in ihrem ersten Stück zur Überwindung einer langen und steilen Steigung Kraft und Ausdauer verlangt.

Man steigt auf dem Wanderweg Nr. 2 von Weißlahnbad im Wald (auf der orographisch rechten Seite des Tschamintales) recht beachtlich steil hinauf und durchwandert eine wunderschöne, wilde Bergwelt. Ein Hinweispfahl kennzeichnet eindeutig den Weg Nr. 2, der genau am Parkplatz in Weißlahnbad beginnt.

Der Weg verläuft im Wald und führt dann in die sogenannte Bärenfalle. Im Wald kommt man an einer Quelle in einer charakteristischen Felsenhöhle (Tschetterloch) vorbei.

Die Bärenfalle ist eine sehr steile Schlucht, und unser Weg erklimmt sie im Zickzack bis empor zum Tschafatschsattel auf 2069 m Höhe.

In Anbetracht des recht engen und steilen Schluchttales und der Steigung des Weges ist es ratsam, den Anstieg in den frühen und kühlen Morgenstunden zu unternehmen, um sich nicht von der Mittagssonne, die vor allem im Juli und August heiß herunterbrennt, überraschen zu lassen.

Von den Bergwiesen am Schlern zwischen der Sankt-Kassian-Kapelle und den Schlernhäusern hat man einen herrlich weiten Panoramablick auf den Rosengarten.

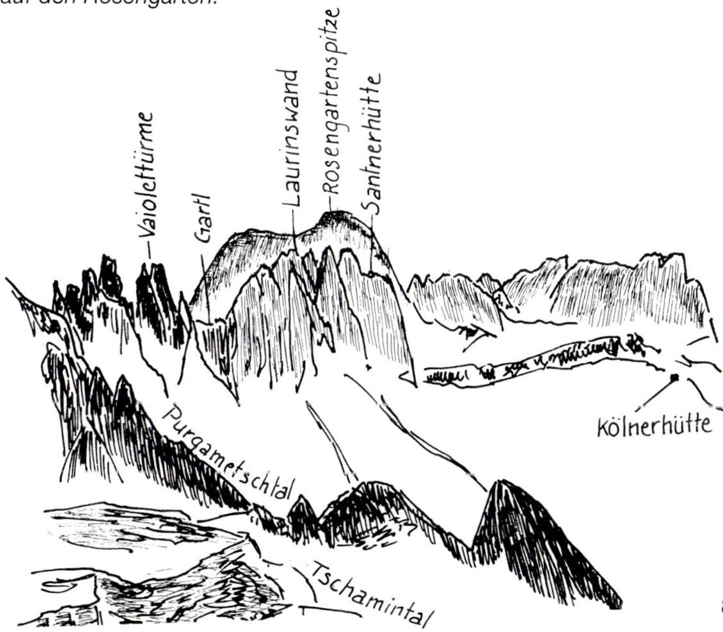

Der Tschafatschsattel am Ausgang der Bärenfalle, von Norden her gesehen

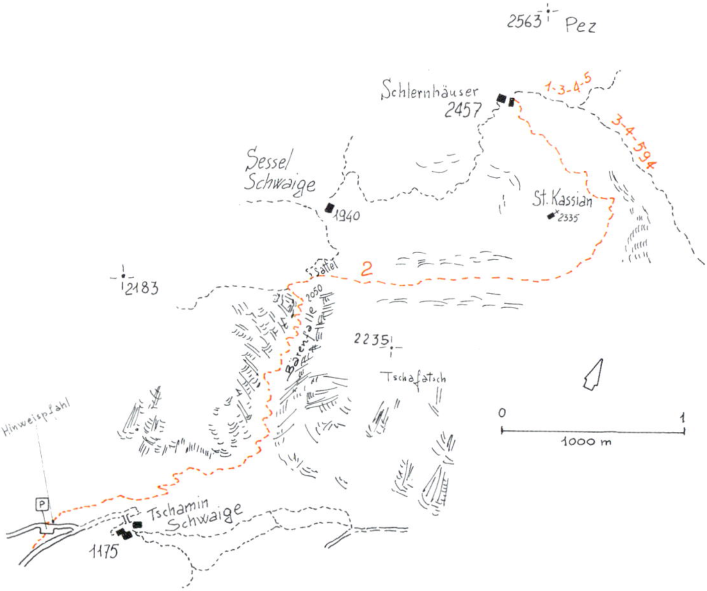

Rechts im Bild das Schlernhaus am Petz (2457 m), in der Mitte die Sankt-Kassian-Kapelle auf der wiesenbedeckten Hochebene am Talschluß der Schlernklamm

Hat man den grünen Tschafatschsattel erreicht, kann man am Rande der Schlernschlucht auf Weg Nr. 2 weitergehen, geht dann um die Kapelle Sankt Kassian herum und steigt von dort zu den Schlernhäusern (2457 m) in einer wunderschönen Hochgebirgslandschaft über Bergwiesen auf.

16 ZUM RECHTEN LEGER IM TSCHAMINTAL

Schwierigkeit: mittel (Fußwanderung)
Höhenunterschied: 390 m (Summe der Höhenunterschiede im Anstieg vom Hotel Zyprianer Hof zum Rechten Leger)
Max. Aufstiegshöhe: 1615 m (Rechter Leger)
Zeitaufwand: 2 Stunden

Ein prächtiger Wanderweg führt durch das romantische und wilde Tschamintal und auf eine herrlich grüne Lichtung.

Wegbeschreibung
Das Hotel Zyprianer Hof in Sankt Zyprian ist der ideale Ausgangspunkt für diese Wanderung. Auf recht bequeme Art steigt man nämlich auf der Straße, die von Sankt Zyprian zum Nigerpaß führt, bis zur Forststraße auf, die in einer der ersten Kehren von der Asphaltstraße abzweigt (Wegweiser ins Tschamintal).
Die Schotterstraße verläuft anfangs fast eben, überwindet dann eine kurze Steigung und erreicht die Runguner Wiesen, von denen aus man einen unvergleichlich schönen Ausblick auf das Tierser Tal in seiner ganzen Länge hat.
Mehrere Bänke laden zur Rast ein.
Dann geht es weiter, die Straße verläuft auf halber Hanghöhe und tritt in das Tschamintal.
Man trifft auf eine Straßenschranke. Ein Stück weiter kommt noch vor einer zweiten Absperrung linker Hand (markiert) ein steiler Weg herauf.
Es handelt sich hierbei um den Weg, der von Weißlahnbad und der Einkehrstätte Tschaminschwaige (1175 m Höhe) herüberkommt, ein weiterer möglicher Ausgangspunkt für Wanderungen im Tschamintal.
Weiter auf der Forststraße. Wir treten ins grüne Tschamintal und erreichen bald einen großen Platz und rechts davon eine Abzweigung: Hier gehen wir geradeaus weiter und lassen die steilere Schotterstraße, die im Wald emporklettert, rechts liegen.

Auf unserem Weg ins Tschamintal überqueren wir die Runguner Wiesen am Fuße des Rosengartens und der Vajolettürme. Von den Wiesen hat man eine wunderbare Aussicht auf das Tierser Tal.

Wir gehen auf einem Brücklein über den Tschaminbach, überwinden ein recht steiles Stück, queren eine kleine Lichtung (Ruhebank) und gehen über eine zweite Brücke; nach einem Brunnen erreichen wir schließlich den Rechten Leger mit Almhütte. Auf der Wiese vor der Hütte steht ein schönes, geschnitztes Kruzifix mit Bank. Von hier hat man einen einzigartigen Blick auf die Spitzen der Rosengartengruppe, besonders auf die Äußere Grasleitenspitze (2672 m) und den Großen Valbonkogel (2824 m).

Der Forstweg durch das Tschamintal

Die Almhütte Rechter Leger liegt mitten im grünen Tschamintal.

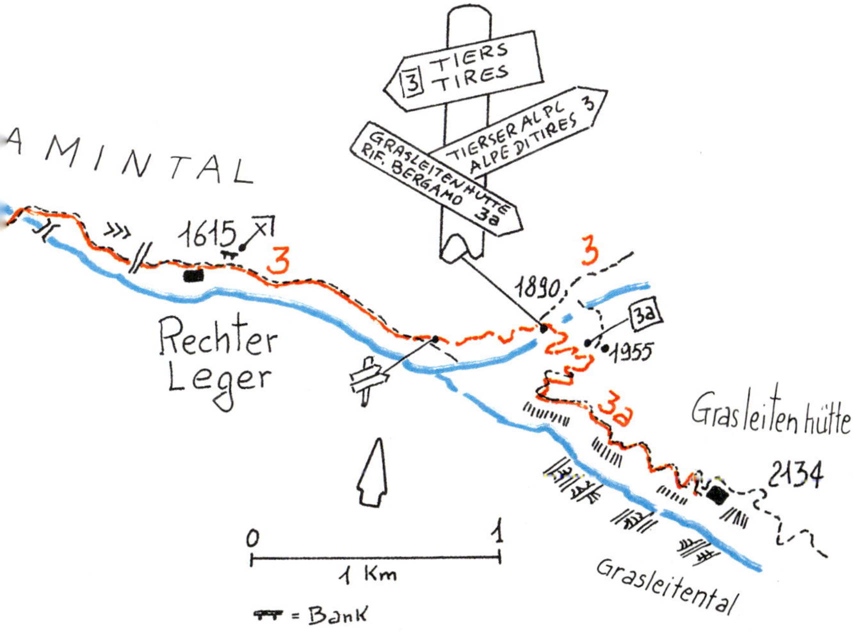

Die Lichtung des Rechten Legers (1615 m). In der Bildmitte die Grasleitenspitze mit dem Grasleitental rechts, in dem der Weg zur Grasleitenhütte (2134 m) hinaufzieht. Ganz rechts erhebt sich der Valbonkogel.

17 VON TIERS ZUR GRASLEITENHÜTTE

Schwierigkeit: lang (Fußwanderung)
Höhenunterschied: 909 m (Summe der Höhenunterschiede im Anstieg)
Max. Aufstiegshöhe: 2134 m
Zeitaufwand: 4 Stunden (vom Hotel Zyprianer Hof zur Grasleitenhütte)

Dieser lange und ausgesprochen schöne Wanderweg durchzieht das Tschamintal und steigt dann zur Grasleitenhütte hinauf, die in einer herrlichen Berglandschaft am Fuße des Rosengartens liegt.

Wegbeschreibung
Der erste Abschnitt dieser Wanderung ist mit der bereits beschriebenen zur Almhütte Rechter Leger im Herzen des Tschamintales identisch. Ab dem Rechten Leger folgt man weiterhin dem Weg Nr. 3, der anfangs nur leicht, dann aber steiler im Tal hinaufsteigt.
Man erreicht schließlich das Ende des Tschamintales und genau die Stelle, wo es sich verzweigt: Links biegt ein Weg ins Bärenloch ab, und rechts zieht ein anderer ins Grasleitental hinauf.
Wir überqueren den Tschamin und steigen nun auf Weg 3A in Richtung Grasleitental empor. Der Weg klettert in weiten Kehren einen hohen Waldsockel hinauf.
Im ersten Abschnitt gewinnen wir merklich an Höhe und gehen dann auf halber Höhe leichter ansteigend weiter. Die Aussicht wird immer schöner: Man blickt auf die enge Schlucht am Fuße des Valbonkogels und im Süden auf den Gebirgskamm, der das Tschamintal und das Grasleitental vom anliegenden Purgametschtal trennt. Der Weg ist insgesamt breit und gut begehbar. Die einzige Ausnahme bildet eine etwas ausgesetzte Passage etwa zehn Minuten unterhalb der kleinen, romantischen Grasleitenhütte, wo wir in eine ungewöhnlich schöne und wilde Berglandschaft eintreten. Man kann diese Stelle aber mit einem kleinen Bogen bergaufwärts leicht umgehen, im Abstieg geht man gewöhnlich so wie im Aufstieg hinunter.

Gleich unterhalb der Grasleitenhütte verläuft der Weg auf halber Höhe in der Talflanke des Grasleitentales. Im Hintergrund das Tschamintal.

Links: Das schöne und grüne Tschamintal im Abschnitt zwischen dem Rechten Leger und dem Eingang zum Grasleitental

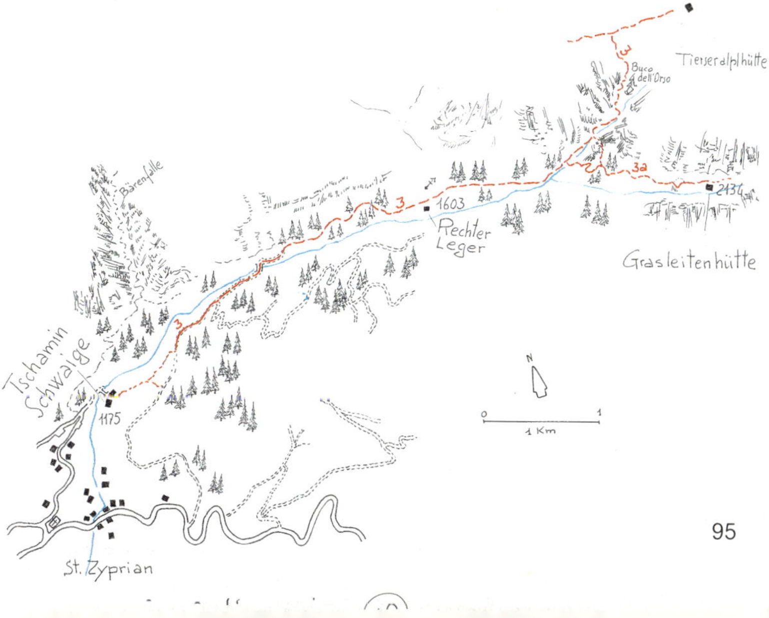

Oberhalb der Grasleitenhütte führt der Bergpfad zum Molignonpaß hinauf.

Wer möchte, kann die Wanderung verlängern und von der Grasleitenhütte aus weiter bergauf steigen. Nach nur wenigen Minuten steht man in einer außergewöhnlich schönen Hochgebirgslandschaft mit einem weiten, steinigen Kar, in dem die Schluchten auslaufen, die vom Grasleitenpaß (rechts) und vom Molignonpaß herunterziehen. Hier kann man dann auf einem langen und steilen Weg (eventuell eine Hüttenübernachtung einplanen) zum Molignonpaß hinaufsteigen, erreicht nach einem weiteren Stück das Schutzhaus Tierser Alpl und steigt von dort erneut ins Tschamintal durch das Bärenloch ab.

Links: Bergwanderweg und Grasleitenhütte im Grasleitental mit dem Tschamintal im Hintergrund

18 VON TIERS DURCHS BÄRENLOCH ZUM TIERSER ALPL

Schwierigkeit: lang (Fußwanderung)
Höhenunterschied: 1215 m (Aufstieg vom Hotel Zyprianer Hof zur Tierser-Alpl-Hütte)
Max. Aufstiegshöhe: 2440 m
Zeitaufwand: ca. 4 Stunden (vom Eingang des Tschamintales bis zur Tierser-Alpl-Hütte; ca. 2½ Stunden vom Eingang des Tschamintales bis zur Gabelung am Tschaminbach auf 1890 m Höhe, dann etwa 1¾ Stunden bis zur Tierser-Alpl-Hütte)

Eine lange Wanderung durch das grüne Tschamintal und ein steiler und anstrengender Aufstieg im wilden Bärenloch führen uns bis zur Tierser-Alpl-Hütte.

Wegbeschreibung

Ausgangspunkt ist Tiers und dort entweder die Tschaminschwaige bei Weißlahnbad oder das Hotel Zyprianer Hof, vom dem aus man dann über die Runguner Wiesen gehen muß. Von beiden Punkten aus erreicht man das wilde Tschamintal. Hat man die Lichtung des Rechten Legers hinter sich, folgt man dem Wanderweg Nr. 3. Am Talschluß, an der Gabelung am Kiesbett des Tschaminbaches auf 1890 m Höhe, läßt man den Weg 3A hinauf zur Grasleitenhütte rechts liegen und tritt in das enge, tiefe Tal, das zur Tierser-Alpl-Hütte hinaufzieht. Die Strecke durch die Schlucht, das sogenannte Bärenloch, die im Verlauf immer steiniger und wilder wird, erfordert eine gute körperliche Kondition und Trittsicherheit. In den Felsen auf der orographisch rechten Schluchtseite erklettert man so das stellenweise mit Stahlseilen versicherte Bärenloch. Man geht nun auf die Wände der Roterdspitze zu. Auf 2350 m Höhe stößt man nach einer steilen Steigung auf den breiten Weg, der die Schlernhäuser mit der Tierser-Alpl-Hütte verbindet und über den man in 15 Minuten bequem das Schutzhaus erreicht.

Rechts: Der Wanderweg Nr. 3 verläßt die herrlich grüne und wilde Berglandschaft des Tschamintales und steigt im engen, tiefen Tal des Bärenlochs empor.

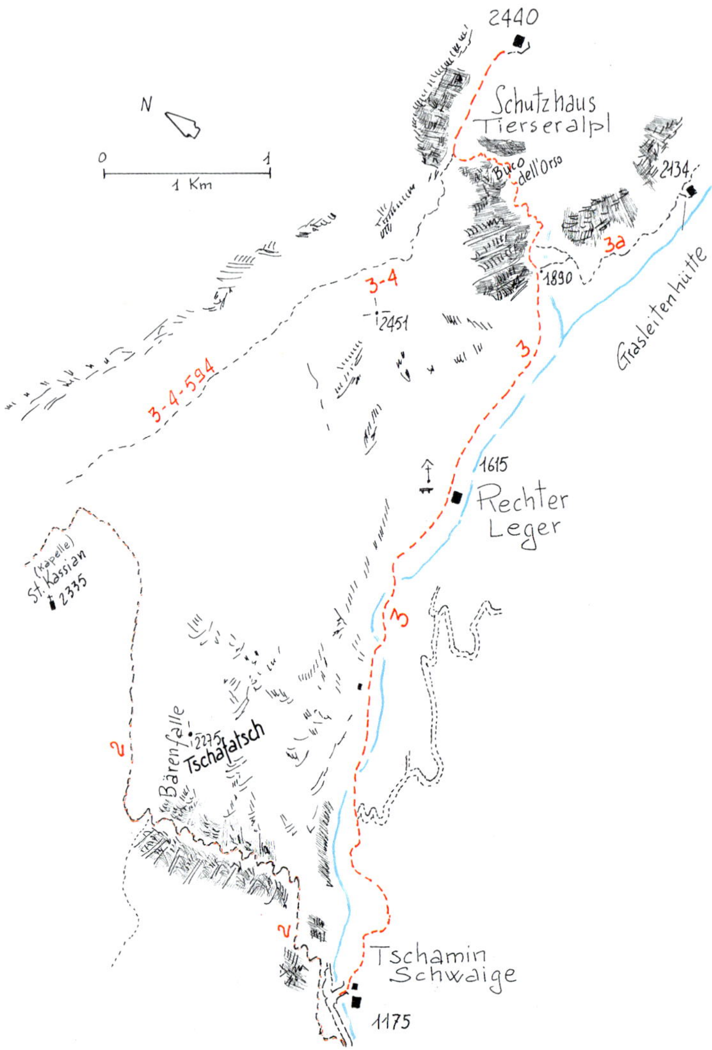

Rechts: Der Eingang zum Bärenloch, eine enge Schlucht, die zur Tierser-Alpl-Hütte hinaufzieht, vom Talschluß des Tschamintales aus gesehen. Auf den folgenden Seiten in Reihenfolge: die Schlucht des Bärenlochs, von den Hängen der Roterdspitze aus gesehen. Gut erkennbar ist der Weg vom Tschamintal zur Grasleitenhütte. Das Schutzhaus Tierser Alpl (2440 m Höhe) mit dem Endstück des Weges, der vom Bärenloch heraufkommt.

19–20 WINTERWEGE DURCH DAS TIERSER TAL

Schwierigkeit: kurze Spazierwege (Fußwanderung)
Max. Aufstiegshöhe: 1299 m (Runguner Wiesen)

Winterwege im Schnee
Wenn auch die Sommermonate die ideale Zeit für die in diesem Bergführer beschriebenen Wanderungen sind, so sollten doch einige Winterwanderwege durch das Tierser Tal nicht unerwähnt bleiben. So bietet das Tal im Winter, außer den bekannten Skipisten am Fuße des Rosengartens (zu denen im Winter kostenlose Skibusse fahren), einige Wanderwege, auf denen regelmäßig der Schnee geräumt wird und die für gemächliche Spaziergänge durch das winterlich verschneite Tal nur allzugut geeignet sind.
Es gibt für die Alpentäler keine bindenden Gesetze, die eine sichere Schneevorhersage ermöglichen. Es gibt aber zumindest zwei einigermaßen »sichere« Wanderwege durch die romantische, winterliche Bergwelt, auf denen auch Fotografen ihre besondere Freude erleben werden. Die kleine Routenskizze auf der folgenden Seite zeigt ihren Verlauf. Der eine Weg ist sehr aussichtsreich und führt über eine Forststraße zu den Runguner Wiesen oberhalb Tiers hinauf. Von dort genießt man eine wunderbare Aussicht auf das Tal in seiner ganzen Länge. Den anderen könnte man vielleicht als »Bachweg« bezeichnen: Er folgt nämlich der Straße längs des Breibaches, steigt zum Kirchlein Sankt Zyprian empor, nimmt dann den Weg zum Pattissenhof und führt von hier schräg wieder nach Tiers hinab.

Der Schnee verwandelt die stille Tierser Berglandschaft in eine winterliche Zauberwelt, und es wird einem geradezu überschwenglich klar: »Tiers am Rosengarten, einfach märchenhaft.«

Der erste Schnee legt sich wie ein feiner, weißer Schleier über das Tierser Tal und verzaubert die stille Berglandschaft. Im Bild das Sankt-Zyprian-Kirchlein gegen den Rosengarten.

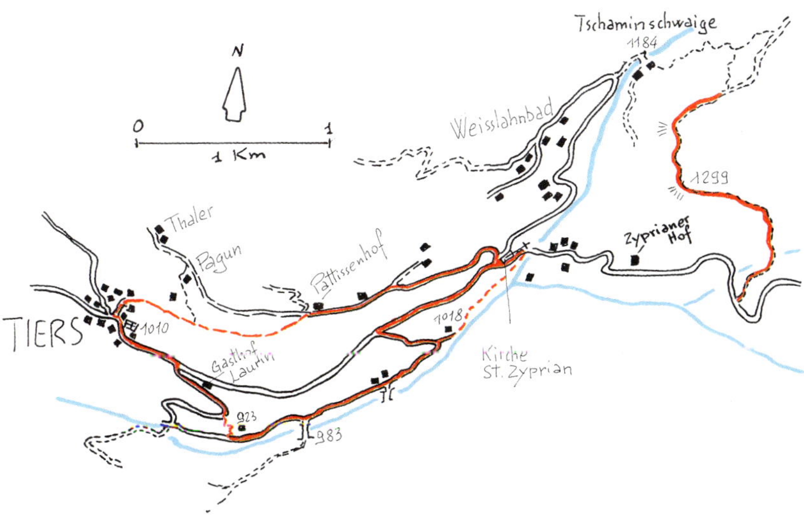

21 ZUR SEISER ALM UND ZUR SALTNERHÜTTE

Schwierigkeit: leicht (Fußwanderung; teilweise Sessellift)
Höhenunterschied: 195 m (von Kompatsch zum Hotel Panorama am Joch); 185 m (Abstieg von der Laurinhütte zur Saltnerhütte)
Max. Aufstiegshöhe: 2010 m
Zeitaufwand: 30 Minuten zu Fuß von Kompatsch zum Berghotel Panorama am Joch; 45 Minuten vom Berghotel Panorama am Joch zur Saltnerhütte

Tiers ist nicht nur ein idealer Ausgangspunkt für alle Wanderungen zum Schlern und in die Rosengartengruppe, sondern auch für alle Aufstiege zur Seiser Alm, eine der größten Almen Europas.

Mit dem eigenen Auto oder mit dem öffentlichen Bus fährt man durch Völs und Seis und dann bis zum großen Parkplatz in Kompatsch an der westlichen Seite der weit ausgedehnten Seiser Alm.
Kompatsch ist der Ausgangspunkt für zahlreiche Wanderungen.
Nachfolgend stellen wir eine kurze Wanderung hinauf zur kleinen Saltnerhütte vor: Sie ist einfach zu gehen, geeignet auch für weniger sportliche Wanderer, bietet ein wunderschönes Panorama und hat immer das markante Profil des Schlerns und die schroffen Felszacken von Euringer und Santner am Horizont vor Augen.

Wegbeschreibung
Vom Parkplatz in Kompatsch auf 1815 m Höhe geht man auf einer für den allgemeinen Verkehr gesperrten Asphaltstraße im leichten Anstieg zum Berghotel Panorama am Joch empor. Längs der Strecke Hinweisschilder »Joch Panorama«.
Noch bequemer erreicht man den Bergrücken mit dem Hotel mit der viersitzigen Sesselbahn, dem »Panoramalift«.
Vor der Bergstation des Lifts beginnt das Schottersträßchen, das eben zur nahen Laurinhütte weiterführt. Die Hütte liegt auf

Der Schlern mit Euringer und Santner wirkt vom Wanderweg zwischen der Laurin- und Saltnerhütte aus ganz besonders fotogen.

einer grasbewachsenen Felsstufe mit einem herrlichen Blick auf den Schlern.
Von der Laurinhütte zweigt links (südlich) ein Weg ab, der die grünen Almweiden überquert.
Über eine längere Wegstrecke geht man auf Holzprügeln, die über die ansonsten unbegehbaren, recht feuchten Wiesen führen.
Nach einem längeren ebenen Abschnitt, immer noch auf ungefähr 2000 m Höhe und mit einer herrlich weiten Aussicht, verliert unser Weg an Höhe und steigt schnell in ein grasbewachsenes Tälchen hinab.

Die ausgedehnten Weiden der Seiser Alm mit dem Weg, der vom Parkplatz in Kompatsch zum Berghotel Panorama am Joch hinaufführt. Im Hintergrund links der Langkofel, rechts der Plattkofel.

Etwa 40 Minuten von der Laurinhütte entfernt kommt man dann zur kleinen, romantischen Saltnerhütte (1825 m) am Fuße des Schlerns.
Mit der Saltnerhütte haben wir unser Wanderziel erreicht. Zurück geht es dann den gleichen Weg.

Wer bei der Saltnerhütte noch weitergeht, kommt auf den klassischen »Touristensteig«, den bekanntesten und den am mei-

Die kleine, romantische Saltnerhütte (1825 m) gegen den Schlern und das Schluchttal, das sich zum Frommerhaus hinunterzieht und eine andere Aufstiegsmöglichkeit hinauf zum Touristensteig bietet.

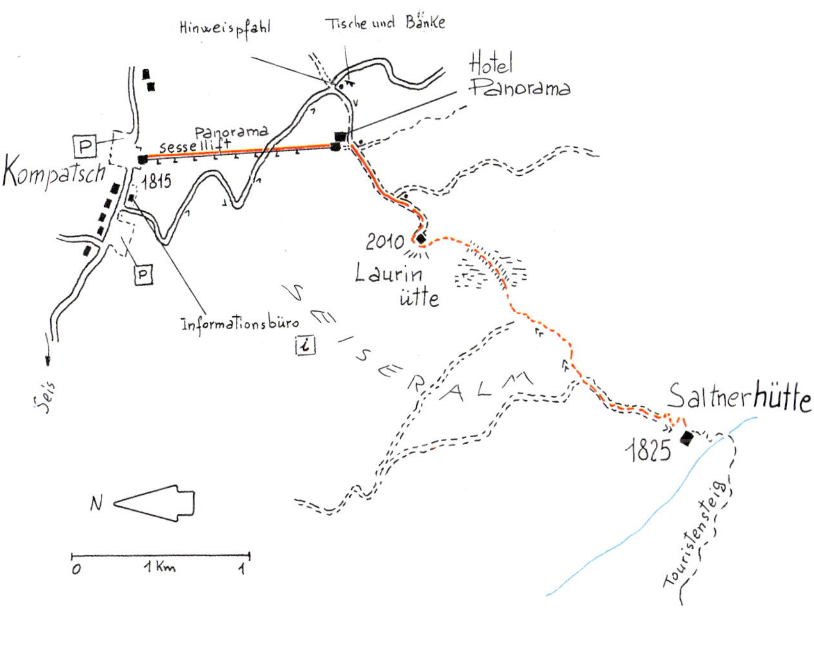

Von der Laurinhütte aus verläuft der Weg zunächst eben. Dann, wie diese Panorama-Aufnahme (140 Grad) zeigt, steigt er hinab zur Saltnerhütte. Hinter der Hütte geht der auf dem Foto deutlich erkennbare

sten begangenen Aufstiegsweg zum Schlern und zu den Schlernhäusern.

Den Touristensteig erreicht man auch mit dem Sessellift vom Frommerhaus aus hinauf zum Spitzbühel und dann über die Spitzbühelhütte (1929 m) und die Saltnerhütte. Die Talstation des Lifts liegt an der Asphaltstraße hinauf zur Seiser Alm, einige Kehren unterhalb des Parkplatzes in Kompatsch.

Die hier vorgestellte leichte Wanderung, also zuerst mit dem »Panoramalift« hinauf zur Saltnerhütte und dann ohne Höhen-

Touristensteig ab. Er zieht im weiten Zickzack den Schlernrücken bis zu den Schlernhäusern auf 2457 m hinauf.

verlust schnell hinüber zur Laurinhütte mit dem anschließenden Abstiegsstück, ist auch unter einem ganz anderen Gesichtspunkt interessant. Sie bildet nämlich eine schnelle und angenehme Aufstiegsmöglichkeit zum Touristensteig, dem klassischen Anstiegsweg zum Schlern und einer der schönsten Rundwanderungen im Gebiet. Man kann zu den Schlernhäusern aufsteigen, dann zur Tierser-Alpl-Hütte queren und von dort direkt über die Roßzahnscharte nach Kompatsch zurückgehen.

22 RUNDWANDERUNG AUF DEN SCHLERN: SEISER ALM–SCHLERNHAUS–TIERSER-ALPL-HÜTTE

Schwierigkeit: lang (Fußwanderung)
Höhenunterschied: 642 m (von der Saltnerhütte zum Schlernhaus); 1082 m (Summe der Höhenunterschiede im Anstieg vom Parkplatz in Kompatsch aus)
Max. Aufstiegshöhe: 2551 m (Gabelung unter der Roterdspitze)
Zeitaufwand: 3 Stunden vom Berghotel Panorama am Joch zum Schlernhaus; 2½ Stunden vom Schlernhaus zur Tierser-Alpl-Hütte; 2 Stunden von der Tierser-Alpl-Hütte bis zum Parkplatz Kompatsch

Eine prächtige Rundwanderung führt auf herrlich aussichtsreichen Höhenwegen von der Seiser Alm zu den Schlernhäusern und dann unterhalb der Roßzähne zur Tierser-Alpl-Hütte am Rosengarten.

Diese Bergwanderung ist zweifelsohne eine der schönsten und landschaftlich abwechslungsreichsten überhaupt. Sie verläuft insgesamt auf gut angelegten Wegen und bietet einzigartig weite und wunderbare Ausblicke. Sie ist zwar nicht besonders schwierig, aber doch recht lang. Wer also konditionsmäßig nicht ganz auf der Höhe ist, wird sie vielleicht nicht in einem Tag schaffen.
In jedem Fall ist sie eher für Erwachsene geeignet. Wer trotzdem Kinder mitnehmen möchte – der Schwierigkeitsgrad der Wanderung steht dem keinesfalls entgegen –, sollte sehr früh am Morgen aufbrechen und den nötigen Zeitaufwand genau berechnen. Nur so kann man vermeiden, noch oben in den Bergen von der Dunkelheit überrascht zu werden. – In unserem Tourenvorschlag sind Ausgangs- und Endpunkt identisch; wir haben das Auto am Parkplatz in Kompatsch abgestellt und kommen dorthin wieder zurück.

Der Touristensteig führt mit einem weiten Blick auf die Seiser Alm von der Saltnerhütte hinauf zum Schlernhaus.

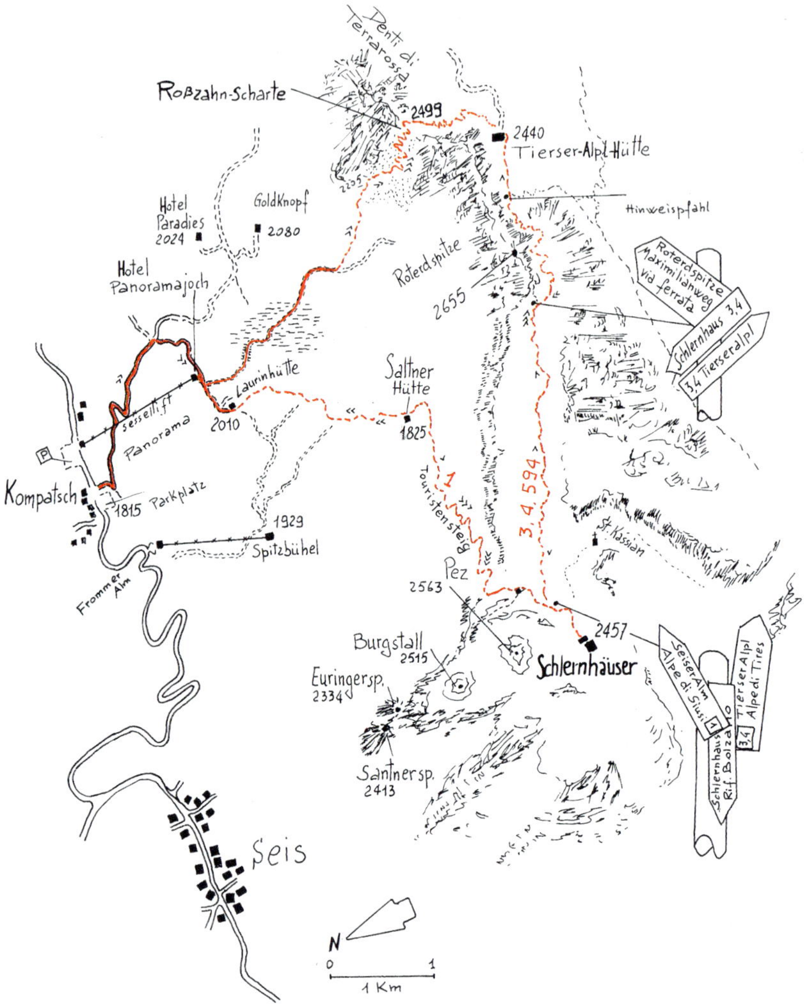

Denti di Terrarossa
Roßzahn-Scharte
2499
2440
Tierser-Alpl-Hütte
Hinweispfahl
Hotel Paradies 2024
Goldknopf 2080
Hotel Panoramajoch
Roterdspitze
2655
Roterdspitze Maximilianweg via ferrata
Schlernhaus 3,4
3,4 Tierseralpl
Laurinhütte
2010
Saltner Hütte
1825
Sessellift Panorama
P
Kompatsch
1815 Parkplatz
Touristensteig
1
3, 4, 594
1929
Spitzbühel
St. Kassian
Frommer Alm
Pez
2563
2457
Schlernhäuser
Seiser Alm Alpe di Siusi 1
Tierser Alpl Alpe di Tires 3,4
Schlernhaus Rif. Bolzano
Burgstall 2515
Euringersp. 2334
Santnersp. 2413
Seis
N
0
1
1 Km

Von der Seiser Alm aus erkennt man deutlich das ausgezackte Profil der Roßzähne. Unser Weg führt über die Geröllhalden unterhalb der Roßzahnscharte im Zickzack nach unten und beschließt so unsere Rundwanderung.

Man kann aber nach Kompatsch auch mit dem Linienbus von Tiers aus hinfahren. In diesem Fall muß man nicht mehr unbedingt nach Kompatsch zurück, sondern kann im Schutzhaus Tierser Alpl übernachten. Man geht dann über das Bärenloch hinunter ins Tschamintal und direkt nach Tiers zurück.
Wer in der Tierser-Alpl-Hütte übernachtet, kann eine noch längere, besonders schöne Rundwanderung unternehmen. Sie führt über den Molignonpaß, dann zur Grasleitenhütte ins Grasleitental hinab und von dort durch das Tschamintal ins Tierser Tal zurück.

Wegbeschreibung
Vom Parkplatz in Kompatsch auf der Seiser Alm geht man zur Saltnerhütte (siehe Wandervorschlag 21). Von der Hütte kurz in

Auf dem Schlern: im Schlernhaus am Petz, dem von dem Bergsteiger Johann Santner initiierten, großen Schutzhaus auf 2457 m Höhe. Die Entscheidung zum Bau der Hütte fiel trotz Auseinandersetzungen wegen des Bauplatzes im Alpenverein im Jahre 1881, in einer Zeit, als

einen kleinen Graben hinunter, überquert den Frötschbach und kommt zum Touristensteig. Der Steig ist mit der Nr. 5 markiert. Über eine gleichmäßige aufgeteilte Steigung geht es nun den Nordhang des Schlerns hinauf. Auf dem Weg nach oben genießt man immer weitere Ausblicke auf die Seiser Alm und die Grödner Berge.

Im oberen Teil überwinden wir einige Steilstücke und kommen schließlich auf Almweiden (2400 m) heraus. In wenigen Minuten erreichen wir nun das große Schlernhaus am Petz, ein Gebäude, das in die Südtiroler Alpingeschichte eingegangen ist.

noch kaum eine Hütte in den westlichen Dolomiten stand. Das hervorragend ausgestattete und äußerst beliebte Schlernhaus bietet eine einmalige Aussicht auf den Rosengarten.

Gegen den Widerstand des damaligen Alpenvereins Bozen setzte Johann Santner – der Erstbesteiger der Santnerspitze – den schwierigen Bau durch. Bei der festlichen Hütteneinweihung am 23. August 1885 wurde das Schutzhaus als »die schönste und großartigste Hütte von ganz Tirol« bezeichnet. Vom Schlernhaus (2457 m) hat man einen einzigartigen Ausblick auf den Rosengarten und, weiter entfernt, den Latemar. Von der Hütte aus geht der Weg in einer guten Viertelstunde zum Gipfel des Petz auf 2564 m Höhe hinauf. Von dort oben hat man dann einen prächtigen Rundblick!

Wo auf dem Schlern der Touristensteig endet, ist das große Schlernhaus (2457 m) bereits in Sichtweite.

Wer dann in nördlicher Richtung weitergeht, kommt zum Burgstall (2515 m) mit Blick auf die Euringerspitze (2405 m), die Santnerspitze (2415 m) und auf die Orte Kastelruth und Seis. Am Burgstall hat man Spuren einer vorgeschichtlichen Wallburg gefunden.
Vom Schlernhaus nun auf Wanderweg Nr. 4 weiter in östlicher Richtung zur Tierser-Alpl-Hütte. Zunächst geht es bergab, dann aber immer mehr aufwärts. Im letzten Abschnitt am Fuße der Roterdspitze (2655 m) geht es erbarmungslos steil hinauf. Etwa eineinhalb Gehstunden vom Schlernhaus entfernt kommt man auf 2551 m Höhe an eine Gabelung mit Wegweiser: Links (Nordosten) zweigt der Pfad hinauf zur Roterdspitze (2655 m) ab. Von dort können erfahrene Bergsteiger auf dem »Maximilian-Klettersteig« weiter. Rechts hingegen weist eine deutliche

Blick vom Wanderweg Nr. 3 (ca. 2551 m), der die Tierser-Alpl-Hütte mit dem Schlernhaus verbindet. Im Hintergrund der Rosengarten.

Markierung zum Tierser Alpl. Wir folgen diesem Weg, umgehen den Berggrat und verlieren schnell an Höhe. Der Weg ist weiterhin gut markiert. Etwas weiter treffen wir auf leicht ausgesetzte, aber einfach zu überwindende Passagen unterhalb steiler Felswände.

Wir gehen durch eine auch unter geologischen Gesichtspunkten interessante, wunderschöne Landschaft, in der die weißen Felsen des Schlerns den rotbraunen der Roßzähne weichen. Herrlich weite und einzigartige Ausblicke auf den Rosengarten. Noch weit entfernt sieht man am Tierser-Alpl-Joch das hübsche Schutzhaus, unser Ziel.

Ab der Gabelung zum Klettersteig »Maximilianweg« erreicht man die Hütte fast ausschließlich in steilem Abstieg in etwa einer Stunde. Nur kurz vor der Hütte steigt man auf einem brei-

Unterhalb der Roterdspitze, nach der Gabelung auf 2551 m, verliert der Weg Nr. 3 an Höhe und steigt zum am Horizont auf dem Joch bereits erkennbaren Schutzhaus Tierser Alpl hinab.

ten Saumweg ein etwa fünfzehn Minuten kurzes und leichtes Stück bergauf. Von der Tierser-Alpl-Hütte kann man übrigens zum Molignonpaß (2598 m) gehen und von dort ins Grasleitental und zur Grasleitenhütte – eine recht interessante und bei Übernachtung in der Tierser-Alpl-Hütte auch gut zu bewältigende Variante unserer Wanderung, die zudem sehr schön, nicht schwierig und immer auf gut angelegten Wegen verläuft. Von der Grasleitenhütte wandert man dann angenehm durchs Tschamintal nach Tiers zurück.

Die Panorama-Aufnahme (140 Grad) zeigt diesen wunderschönen und leicht zu gehenden Höhenweg mit herrlichen Ausblicken auf den Rosengarten.

Längs dieses Weges trifft man auch auf den Aufstiegsbeginn eines weiteren, sehr bekannten Klettersteiges, des »Laurenzi-Steiges«. Der Steig ist ziemlich anspruchsvoll, er führt in die Rosengartengruppe und passiert östlich den Kesselkogel (3004 m), bevor er wieder auf dem Weg zum Antermoiasee (2495 m) herauskommt.
Wir setzen hingegen unsere Rundwanderung fort und nehmen den schönen Pfad, der von der Tierser-Alpl-Hütte in leichtem Anstieg in wenigen Minuten zur Roßzahnscharte (2499 m)

Die Roßzahnscharte überwunden, öffnet sich das Panorama über die Seiser Alm.

bringt. Zur Hütte führt übrigens auch ein Schottersträßchen in einem großen Bogen von der Seiser Alm herüber, das von Geländewagen mit Genehmigung befahren werden kann.
Vom Weg aus erkennt man genau gegenüber Langkofel (3181 m) und Plattkofel (2958 m). Besonders interessant ist der Fernblick auf den jenseits des Grödentals und gut der Länge nach erkennbaren Eingang zum Langental in der charakteristischen, von Gletschern überformten U-Form.
Nach Überschreitung der Roßzahnscharte öffnet sich der Blick zur Seiser Alm. Der weiterhin deutlich erkennbare Weg führt längs einer Geröllhalde, die auf 2205 m aufhört, steil abwärts.

Blick von den Weiden der Seiser Alm bei Sonnenuntergang auf die unverwechselbaren Profile von Euringer und Santner am Schlern

Wir biegen leicht rechts ab, folgen dem welligen Boden über grasbewachsene Hügel und über Weiden, kommen zuletzt auf ebenem Weg in einem sumpfigen Gebiet heraus und gehen auf das Berghotel Panorama am Joch zu. Einige Passagen führen über recht feuchte Wiesensteige. Um sie trockenen Fußes überwinden zu können, wurden die betreffenden Stellen mit Holzschwellen ausgelegt.
Vom Berghotel Panorama am Joch aus, wo sich die Bergstation des Sessellifts befindet, kann man aber auch bequem über ein Asphaltsträßchen zum Parkplatz in Kompatsch zurückgehen.

23 DER HIRZELSTEIG – EIN WANDERWEG AM FUSSE DES ROSENGARTENS

Schwierigkeit: mittel (Fußwanderung)
Höhenunterschied: ca. 100 m (Summe der Höhenunterschiede im Anstieg)
Max. Aufstiegshöhe: 2283 m
Zeitaufwand: ca. 1½ Stunden (nur Hinweg von der Kölner Hütte zur Ostertaghütte)

Einer der aussichtsreichsten Höhenwege in den Dolomiten schlängelt sich am Fuße der Rotwand und des Masaré-Kammes an den Felswänden des Rosengartens entlang.

Die Frommeralm liegt an der schönen, asphaltierten Straße, die das Tierser Tal und den Nigerpaß mit dem Karerpaß verbindet. Hier ist die Talstation des Gondellifts »Laurin II«, der in etwa 20 Minuten zur Kölner Hütte (2337 m) hinauffährt. Von der großen Kölner Hütte hat man eine schöne Aussicht auf das Tierser Tal, auf die Kölblegger Wiesen, den Kölbleggwald und, in der Ferne, auf den Latemar.
Von der Kölner Hütte gehen mehrere Wanderwege ab. Unsere Wanderung folgt zunächst dem Weg Nr. 552, dann der Nummer 549. Dies ist der Hirzelweg oder Hirzelsteig, der mit Unterstützung des Leipziger Verlegers Hirzel, eines begeisterten Bergsteigers, der die Dolomiten und ganz besonders dieses Gebiet liebte, angelegt wurde und jetzt seinen Namen trägt.

Wegbeschreibung
Die Wanderung beginnt an der Hütte, wo sich der Weg gleich eher als Höhensträßchen denn als schlichter Wanderpfad darbietet. Anfangs geht es ein langes Stück leicht bergab. Man läßt dabei die Steigspur unbeachtet, die von unserem Sträßchen weg in einem Schuttgebiet aufwärts zieht. Statt dessen weiter auf dem Sträßchen bis zu einer deutlich erkennbaren Markierung auf 2245 m Höhe, wo sich unser Weg gabelt. Bergab geht es weiter zur Paolinahütte (2127 m). Wir fol-

Der Hirzelsteig, ein schöner Höhenweg am Fuße der Rosengarten-
gruppe gleich unterhalb der Rotwand

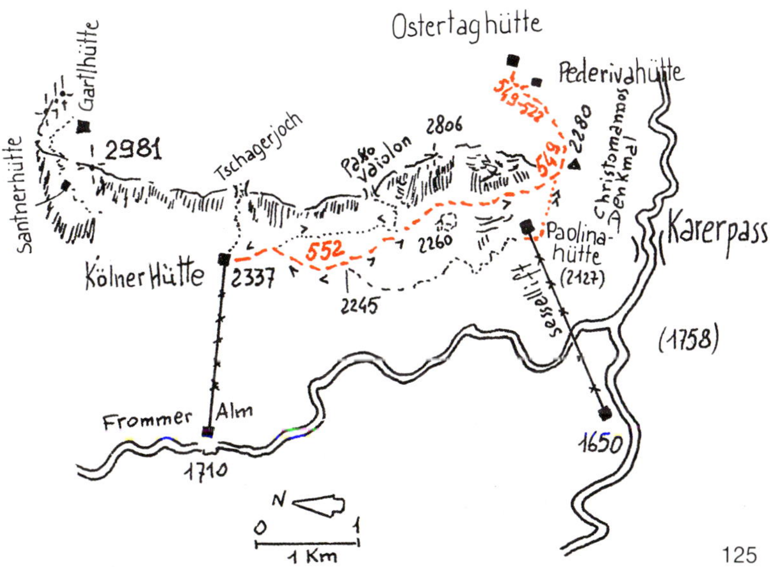

Nach der Gabelung zum Vajolonpaß passiert der Hirzelsteig einen großen Felsblock mit Eisenleiter. Ein prächtiger Aussichtspunkt!

gen jedoch der Markierung zur Ostertaghütte (2283 m) und steigen den Pfad bergaufwärts.
Der Weg ist deutlich ausgeprägt; Steigung und fast ebene Abschnitte wechseln sich ab. Ein wenig weiter stößt man auf eine Abzweigung, die in starker Steigung zum Vajolonpaß (2560 m) hinaufzieht. Wir gehen auf halber Höhe am Fuße der Rotwand weiter, kommen zu einem großen Felsblock etwas unterhalb des Weges, der seitlich über eine Eisenleiter bestiegen werden kann. Ein nicht ganz gewöhnlicher Rastplatz für eine kurze Erholungspause!
Unser Weg führt nun im leichten Anstieg genau unterhalb der Rotwandfelsen weiter und folgt dem Verlauf einiger Rinnen (kleiner Wasserfall in den Felsen auf 2290 m Höhe).

Der schöne Hirzelsteig (Nr. 549) im ebenen Abschnitt von der Ostertaghütte zum Christomannosdenkmal

Auf 2280 m Höhe mündet er in den breiten und zumeist recht überlaufenen Wanderweg ein, der von der Paolinahütte (2127 m) heraufkommt. Nach nur wenigen Metern erreicht er das Denkmal zum Andenken an Dr. Theodor Christomannos, einen leidenschaftlichen Bergsteiger und Pionier, der bei der touristischen Erschließung dieses Gebietes eine entscheidende Rolle spielte (drei Meter hoher Bronzeadler; kurz vorher findet sich in einer am Felsen befestigten Kassette ein Gedenkstempel). – Ab dem Christomannosdenkmal verläuft unser Weg eben bis zur Ostertaghütte (2283 m).
Zurück geht man denselben Weg bis zum Christomannosdenkmal und wählt dort dann den oberen Weg, der an den Felswänden entlangläuft.

24 VOM TSCHAGERJOCH DURCH DEN ROSENGARTEN ZUM GRASLEITEN-PASS UND DURCH DAS TSCHAMINTAL

Schwierigkeit: sehr lang (Fußwanderung)
Max. Aufstiegshöhe: 2635 m (Tschagerjoch)
Höhenunterschied: 676 m (Summe der Höhenunterschiede im Anstieg); 1826 m (Summe der Höhenunterschiede im Abstieg)
Zeitaufwand: ca. 6½ Stunden (Gehzeit ohne Einrechnung der Pausen von der Kölner Hütte über das Tschagerjoch und den Grasleitenpaß bis zum Hotel Zyprianer Hof im Tierser Tal)

Um diese prächtige Wanderung voll zu genießen, sollte man gut zu Fuß sein. Ziemlich lang, aber abwechslungsreich und landschaftlich faszinierend beginnt sie an der Kölner Hütte, führt zum Tschagerjoch hinauf, dann vorbei an der Vajolet- und der Preußhütte und bis zum Grasleitenpaß. Zum Schluß geht es dann hinab zur Grasleitenhütte und durch das grüne und wilde Tschamintal ins Tierser Tal zurück.

Wegbeschreibung

Wir empfehlen, mit dem Bus von Tiers aus oder mit dem Auto zur Talstation des Gondellifts »Laurin II« an der Frommeralm zu fahren. Mit dem Lift erreicht man in 20 Minuten herrlicher und aussichtsreicher Auffahrt die Kölner Hütte an der Westseite des Rosengartens.

Man geht um die Hütte herum und folgt dabei den Wegen 550 und 542. In etwa fünfzehn Minuten überwindet man im steilen Anstieg, über ein kurzes Stück sogar mit Hilfe von Stahlseilen, den Felssockel oberhalb der Hütte. Dann trifft man auf die Markierung des Steiges 542, die nach rechts (Süden) weist. Mit einer wunderschönen Aussicht auf die Latemargruppe erreicht man so das steile Schluchttal, das zum Tschagerjoch hinaufzieht.

Von der tief eingeschnittenen, engen Talschlucht des Tschagerjoches (2635 m) blickt man auf den Karerwald und die Karerwiesen.

Oben: Fernblick vom Tschagerjoch gegen Gardeccia und das Fassatal

Von dort oben (2630 m) blickt man nach Osten gegen Gardeccia, das Fassatal und die Kette der Dirupi di Larsec.
Links in der Ferne erkennt man die Vajolet- und die Preußhütte. Man erreicht beide Hütten über den Weg Nr. 550, der nur anfangs felsig ist, aber insgesamt recht steil bergab führt.
Man kommt in den Kehren der Schotterstraße unterhalb der Hütten heraus. Weiter zum im August völlig überlaufenen, großen Platz zwischen Vajolet- und Preußhütte und dann auf einem langen, aber weiten und deutlichen Saumpfad zum Grasleitenpaß.
Unseren Weg säumen kurz nach der Gabelung mehrere abscheuliche Schilder und Markierungen, die links auf den Aufstiegsweg zum Gartl, einer großen Schotterfläche am Westfuß der Rosengartenspitze, und zur dort befindlichen Gartlhütte

Links: Blick vom Tschagerjoch auf die Vajolet- und Preußhütte

Die kleine und hübsche Preußhütte (2243 m) steht auf dem Felsensockel Porte Neigre im Vajolettal mit Blick gegen Gardeccia.

aufmerksam machen. Wir gehen statt dessen geradeaus weiter bis zur kleinen Grasleitenpaßhütte auf 2600 m Höhe. Seitlich der Hütte fällt der Weg mit der Markierung Nr.1 schnell in das dahinterliegende Grasleitental ab. Es geht ziemlich steil bergab. Gegenüber in der Ferne erkennt man die Serpentinen des Wanderweges, der sich über den Molignonpaß (2598 m) zum Tierser Alpl hinaufzieht. Man steigt bis in den Talgrund hinab und läßt dabei die Abzweigungen, die nach rechts und zum Molignonpaß führen, unbeachtet.
Die Landschaft verblüfft: Ein steiniges Hochplateau, das fast an eine Mondlandschaft erinnert, bildet die Talsohle, über der die Gipfel aufragen. Weiter auf unserem Weg treten wir links (Westen) in die Talschlucht. Über uns erhebt sich die Valbongruppe (eine Gipfelkette, von der sich ein Vorgipfel, 2642 m, direkt über der Grasleitenhütte erhebt; weiter hinten der Große Valbonkogel mit 2824 m und der Kleine Valbonkogel mit 2730 m Höhe).

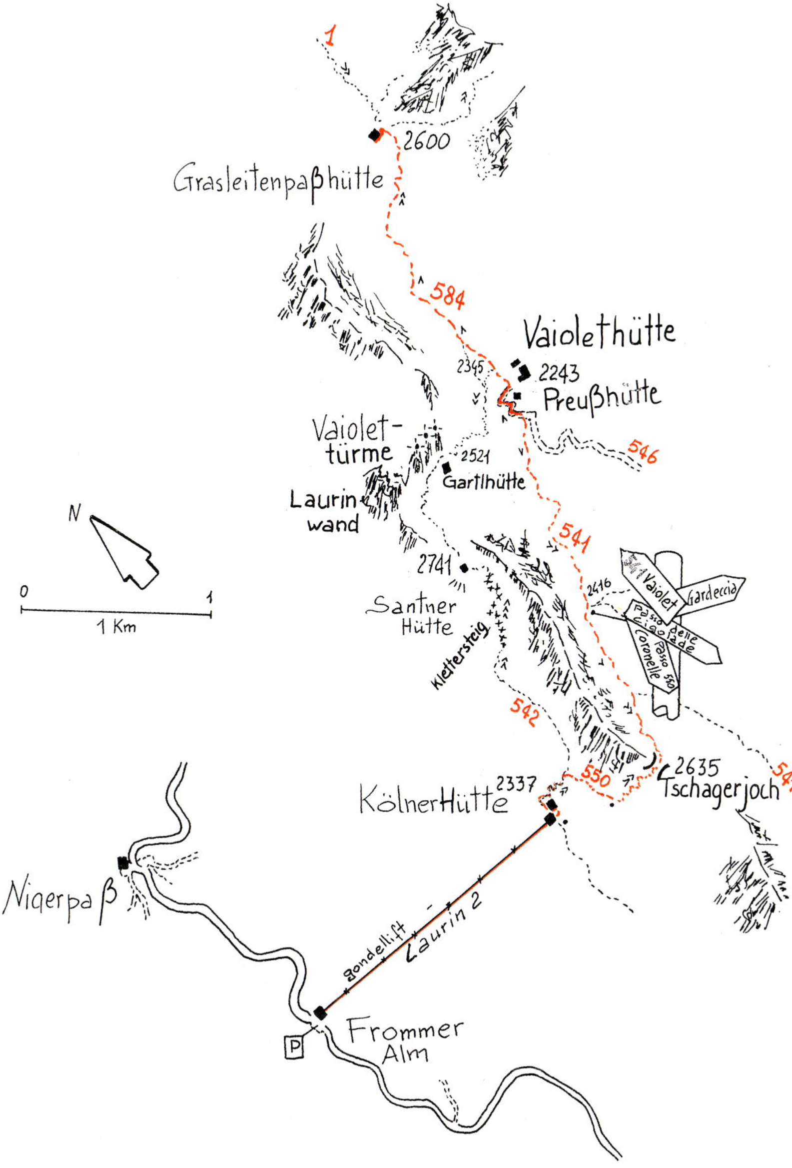

1
2600
Grasleitenpaßhütte
584
Vaiolethütte
2345
2243
Preußhütte
546
Vaiolet-
türme
2521
Gartlhütte
Laurin
wand
541
N
0
1
1 Km
2741
Santner
Hütte
2416
541 Vaiolet
Gardeccia
Passo delle Cigolade
Passo Coronelle 550
Klettersteig
542
2635
Tschagerjoch
541
2337
KölnerHütte
550
Niqerpaß
gondellift
Laurin 2
Frommer
Alm
P

Blick aus dem Fenster der Preußhütte auf das Tschagerjoch mit dem bereits im Abstieg gegangenen Weg

Die hübsche Grasleitenhütte erscheint unvermittelt auf der rechten Seite. Sie steht, umrahmt von mächtigen Felswänden, auf einer kleinen Grasterrasse inmitten einer idyllischen Hochgebirgslandschaft. Seitlich der Hütte fällt das Tal schwindelerregend in eine packend enge und tiefe Schlucht ab, in der an den schattigen Stellen oft Schnee liegt.
Nach der Hütte führt unser Weg noch ein langes Stück ohne Höhenverlust auf halber Höhe weiter. Eine kurze, ausgesetzte Passage wenige Minuten südlich der Hütte kann man mit einer kleinen Umgehung auf einer Steigspur bergaufwärts leicht vermeiden (vgl. Wanderung 17).
Weiter abwärts kommt man in den Wald. Man erreicht eine begrünte Schulter, ab der der Weg im steilen Zickzack verläuft. Hier mündet das Grasleitental in das Tschamintal.
Markierungen auf Steinen und Hinweispfählen kennzeichnen die Gabelung, an der es nach rechts (Norden) in die Klamm

Blick von der Preußhütte auf die Vajolethütte und die dahinterliegende Schlucht, die zum Grasleitenpaß führt (2601 m).

des Bärenloches und weiter zum Schutzhaus Tierser Alpl emporgeht. Unser Weg jedoch führt weiter bergabwärts durch das waldige Tschamintal.

Der an allen Abzweigungen mit Hinweispfählen gut markierte Weg geht allmählich in ein Forststräßchen über. Auf 1603 m Höhe tritt er auf die weite Lichtung des Rechten Legers (Almhütte). Auf der Wiese steht ein kunstvoll geschnitztes Kruzifix mit Ruhebank.

Weiter auf dem Schottersträßchen, bis das Tierser Tal ins Blickfeld gerät. Seitlich der Forststraße beginnt der gut markierte Pfad, der steil zur Einkehrstätte Tschaminschwalge in Weißlahnbad hinunterführt. Wer in den Ort Tiers möchte, kann diese Variante wählen.

Wir hingegen sind auf unserer Wanderung ohne Höhenverlust über die schönen Runguner Wiesen mit einer wunderschönen Sicht auf das Tal und Sankt Zyprian die Forststraße bis an ihr

Grasleitenpaß und Grasleitenpaßhütte auf 2601 m

Ende gegangen. Sie kommt zuletzt in der zweiten Kehre der Asphaltstraße etwa dreihundert Meter oberhalb des Hotels Zyprianer Hof heraus, die zum Nigerpaß hinaufbringt.
Um den Weg zum Hotel ein wenig zu verkürzen, kann man die Forststraße am Waldrand gleich nach Rungun (siehe Markierung) verlassen und einen Pfad im Schatten des Waldes einschlagen. An einer kleinen Kreuzung geht es dann links, und man kommt schließlich auf den Wiesen direkt neben dem Zyprianer Hof heraus.

Rechte Seite: Nach dem Grasleitenpaß fällt der Bergwanderweg Nr. 1 steil in eine steinige Mulde ab. In der Ferne sieht man den Molignonpaß (2598 m).
Nächste Seite neben der Routenskizze: Der Wanderweg, der vom Schutzhaus Tierser Alpl über den Molignonpaß zur Grasleitenhütte hinunterführt.

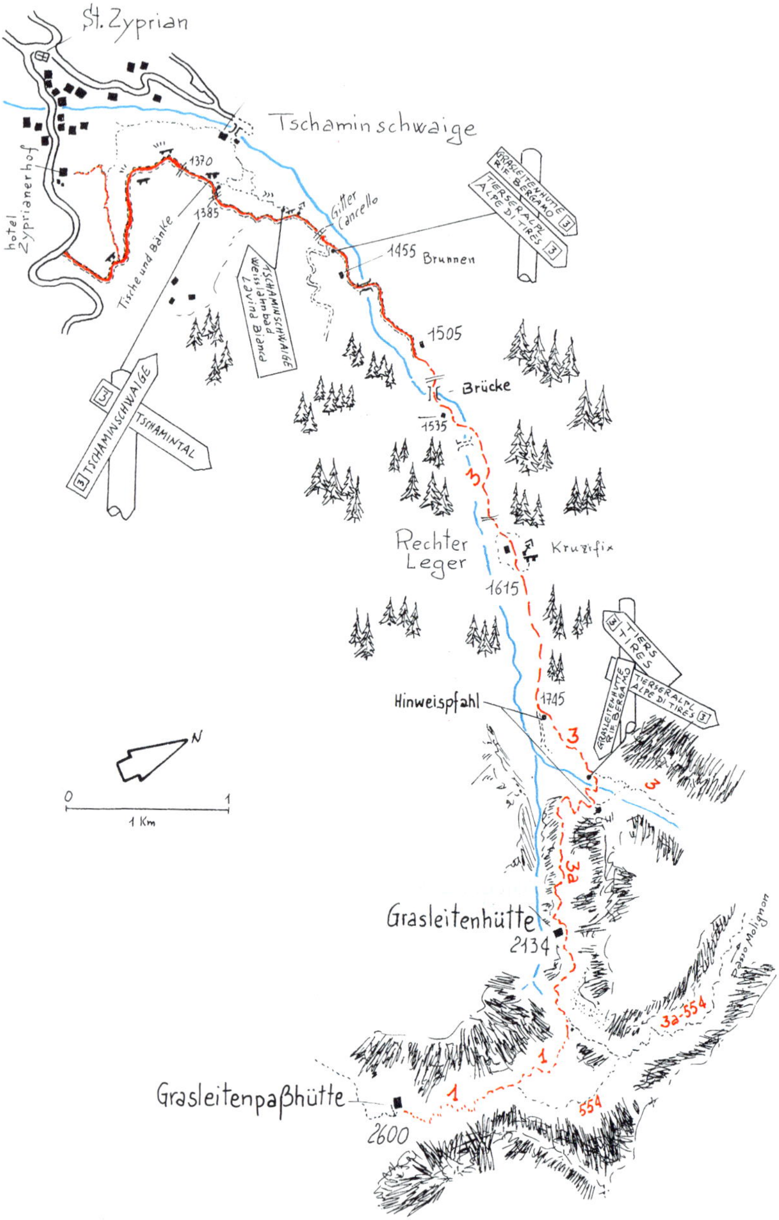
St. Zyprian
Tschaminschwaige
hotel Zyprianerhof
1370
1385
Tische und Bänke
Gitter Cancello
1455
Brunnen
GRASLEITENHÜTTE RIF. BERGAMO 3
TIERSERALPL ALPE DI TIRES 3
TSCHAMINSCHWAIGE Weisslahnbad Lavina Bianca
3 TSCHAMINSCHWAIGE
TSCHAMINTAL
1505
Brücke
1535
3
Rechter Leger
Kruzifix
1615
3 TIERS TIRES
GRASLEITENHÜTTE RIF. BERGAMO
TIERSERALPL ALPE DI TIRES 3
Hinweispfahl
1745
3
3
0
1
1 Km
N
3a
Grasleitenhütte
2134
Passo Molignon
3a-554
1
1
554
Grasleitenpaßhütte
2600

Die Grasleitenhütte steht auf einer kleinen Grasterrasse auf 2134 m. Vor der Hütte öffnet sich die tiefe Spalte des Grasleitentales zu Füßen

Anmerkungen

Die Strecke ist zwar nicht schwierig, doch erfordert die Länge der Wanderung gute körperliche Kondition. Wer vom Tierser Tal aus zur Frommeralm mit dem Bus hinauffährt, ist besser dran. Er erspart sich am Ende der Wanderung die Mühe, wieder zum Parkplatz mit seinem Wagen zurückzufahren. In der Sommersaison sollte man auf alle Fälle die Fahrzeiten des letzten Busses zum Nigerpaß genau kontrollieren: Wenn er von Tiers vor 17 Uhr hinauffährt, ist das gemeinhin zu früh, will man doch diese Rundwanderung bestimmt in aller Ruhe zurücklegen. In diesem Falle kann man nur auf Autostopp zurückgreifen oder muß die Wanderung gemeinsam mit Freunden und zwei Autos angehen: Eines bleibt auf dem Parkplatz vor dem

des Valbonzuges. Von der Hütte führt ein Wanderweg auf halber Hanghöhe ins Tschamintal hinab.

Hotel Zyprianer Hof, mit dem anderen fährt man zum Wanderbeginn an der Frommeralm hinauf.

Gehzeiten (Durchschnittswerte)
Von der Kölner Hütte zum Tschagerjoch: 1 Stunde
Vom Tschagerjoch zur Vajolethütte: 1 Stunde
Von der Vajolethütte zur Grasleitenpaßhütte: 1 Stunde
Von der Grasleitenpaßhütte zur Grasleitenhütte: 1 Stunde
Von der Grasleitenhütte zum Anfang des Tschamintales: 40 Minuten
Von der Grasleitenhütte zur Almhütte Rechter Leger: 1½ Stunden
Von der Almhütte Rechter Leger zum Hotel Zyprianer Hof: 1 Stunde

25 DIE MURMELTIERSCHLUCHT ZU FÜSSEN DES MASARE'-KAMMES

Schwierigkeit: mittel (Fußwanderung)
Höhenunterschied: 155 m
Max. Aufstiegshöhe: 2283 m (Ostertaghütte)
Zeitaufwand: 2½ Stunden (ab Paolinahütte)

Eine von Murmeltieren bewohnte Schlucht und ein leichter Wanderweg, der von der Ostertaghütte zum Karerpaß hinabführt.

Wegbeschreibung

Um schnell an Höhe zu gewinnen, fahren wir auf dieser Wanderung mit dem Sessellift »Rosengarten« hinauf. Die Talstation befindet sich auf 1620 m Höhe an der Eggentaler Straße nur wenige hundert Meter vor dem Karerpaß. In etwa zwanzig Minuten fährt man gemütlich bei grandioser Rundsicht zur Paolinahütte auf 2125 m Höhe empor.

Von der Hütte führt ein Bergweg steil und teilweise auch über Stufen in Richtung Osten/Südosten bis zu dem riesigen Bronzeadler des Theodor-Christomannos-Denkmals hinauf. Das Denkmal wurde zur Erinnerung an den Pionier (und Erbauer des Alpenhotels »Grandhotel Karersee« kurz vor dem Karerpaß) und begeisterten Bergsteiger Christomannos errichtet, dessen Bemühungen dieses Gebiet seinen touristischen Aufschwung verdankt.

Der Abschnitt zwischen der Paolinahütte und dem Denkmal auf 2280 m Höhe in einer herrlichen Panoramalage ist das einzige Steilstück unserer Wanderung: Die Steigung ist ziemlich unvermittelt, aber doch auch für weniger Geübte problemlos zu gehen. Man braucht etwa zwanzig Minuten bis zum Denkmal. Nach dem Denkmal führt der Weg eben bis zur nahen Ostertaghütte und der daneben liegenden Pederivahütte weiter. Durch die Auffahrtsmöglichkeit mit dem Sessellift ist dieses Gebiet leicht zugänglich. In der Sommerzeit ist es hier oben

Am Rande der Pasché-Schlucht, der Murmeltierschlucht, liegt die kleine Pederivahütte. Links erkennt man die Ostertaghütte (2283 m).

dementsprechend betriebig. Vor allem der Übergang von der Paolinahütte zur Ostertaghütte ist dann überlaufen.
Aber weder die große Zahl von Wanderern und Bergsteigern, noch das ständige Hin und Her auf den Wegen haben die Murmeltiere aus ihrer Ruhe bringen können. Sie haben ihren Bau in einem Tälchen vor der kleinen Pederivahütte angelegt. Man kann sie gut sehen, wie sie zwischen den Steinen im Talgrund oder auf den Wiesenrippen des Hanges herumstreichen. Um sie besser beobachten zu können, sollte man ein Fernrohr mitnehmen. – Genau neben dem auf vielen Wanderkarten als Pasché-Schlucht eingetragenen Schluchttal verläuft eine Pfadspur, später unser Rückweg.

Von der Ostertaghütte ein Panoramablick gen Osten auf den ausgezackten Mugonikamm (2755 m), die Cigoladespitze (2540 m) und den Kamm der Pale Rabbiose, der nach rechts zur Ciampediehöhe (1997 m) über dem Fassatal abfällt.

Nach der Rast in der Ostertaghütte (2283 m) oder Pederivahütte geht man nun den Aufstiegsweg (Nr. 549) wenige Dutzend Meter zurück. Gleich am Eingang zur Pasché-Schlucht biegt man in den Bergpfad Nr. 548 ein, der im Gefälle weiterführt. Nach einigen Kehren und einem mit Bäumen bestandenen Gebiet kommt man in einem großen Bogen auf Bergwiesen heraus und erreicht die Pasché-Alm mit ihren Weiden auf 2005 m. Von hier setzt sich unser Weg als Sträßchen fort, auf dem auch Geländefahrzeuge mit Genehmigung fahren können. Das zum

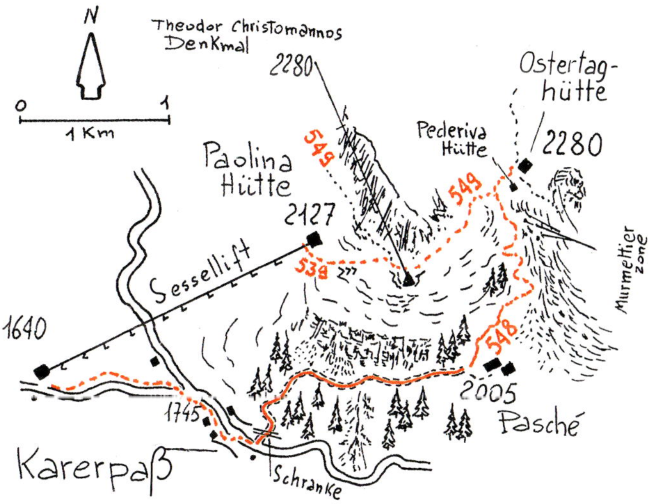
N
0
1
1 Km
Theodor Christomannos
Denkmal
2280
549
Ostertag-
hütte
Pederiva
Hütte
2280
Paolina
Hütte
549
2127
Murmeltier
zone
Sessellift
538
1640
548
2005
Pasché
1745
Karerpaß
Schranke

Blick vom Bergwanderweg Nr. 549 zwischen Paolinahütte und Ostertaghütte auf die Pasché-Alm und, weiter entfernt, auf das Moenatal

Teil recht steinige Schottersträßchen nimmt bald ein sehr steiles und recht anstrengendes Gefälle an. Dann führt es durch eine kleine Schlucht mit einem Bächlein und verläuft bald darauf am Fuße eines weiten Schuttgebiets, einer durch das Abrutschen von Gesteinsschichten enstandenen, geologisch höchst interessanten Geröllhalde.
Auf den Bäumen längs des Baches kann man eine lebhafte Vogelwelt beobachten: Wir haben ein Wintergoldhähnchen, einen Bergfinken, einige weiße Bachstelzen und natürlich zahlreiche Meisen gesichtet. – Wir entfernen uns nun vom Berg-

Die Pasché-Alm auf 2005 m, an der unser Abstiegsweg (Nr. 548) vorbeiführt.

rücken und halten auf den jetzt deutlicher erkennbaren Wald am Karerpaß zu; unsere Schotterstraße erreicht eine Straßenschranke und den Asphalt der Eggentaler Straße.
Von der Ostertaghütte bis zu dieser Kreuzung am Karerpaß braucht man etwa eine Stunde und fünfzehn Minuten. Wo die Asphaltstraße beginnt, ist auch eine mit Hinweisschildern markierte Bushaltestelle.
Zu Fuß muß man vom Ende der Schotterstraße bis zum Parkplatz an der Talstation des Rosengarten-Sessellifts etwa eine halbe Stunde Gehzeit einrechnen.

26 ZU DEN LATEMARWIESEN UND ZUM KARERSEE

Schwierigkeit: kurz (Fußwanderung)
Höhenunterschied: 155 m
Max. Aufstiegshöhe: 1895 m
Zeitaufwand: 40 Minuten (vom Karerpaß in die Gipfelzone der Latemarwiesen)

Eine leichte Wanderung zu herrlich weiten Lichtungen mit wunderbaren Blicken auf die Rosengartengruppe.

Wegbeschreibung
Ausgangspunkt dieser Wanderung ist der Karerpaß, den man mit dem öffentlichen Bus oder dem Auto erreicht, das man dann auf einem der zahlreichen Parkplätze längs der Straße abstellen kann.
Am Karerpaß nimmt man das Schottersträßchen, das genau gegenüber dem Hotel Rosengarten beginnt und südlich verläuft.
Nach wenigen Dutzend Metern biegt man an einer Gabelung mit der Markierung »Poppekanzel« nach rechts. Mäßig ansteigend über weite Wiesen und in Richtung Wald geht man unter den Metallseilen eines Skiliftes durch.
Bereits in Waldnähe trifft man auf das kleine Hinweisschild »17«; dann geht es über eine steinige Steigung schnell den Berg hinauf, und man kommt auf etwa 1870 m Höhe bei einem Forststräßchen heraus.
Im leichten Anstieg führt der Weg über wenige Dutzend Meter hinweg im Wald bergauf und erreicht ein Gitter: Dies ist der Zugang zur weiten Lichtung der Latemarwiesen.
Wir wandern nun auf einer gut markierten (weiß/rote Zeichen auf Steinen) Wegspur schräg über die Wiesen, bis wir auf etwa 1910 m an den oberen Waldrand kommen.

Vom Sessellift, der zur Paolinahütte hinauffährt, genießt man einen erholsamen Blick auf die sonnige Hochebene der Latemarwiesen (ca. 1910 m) hoch über dem Karerpaß.

Bei der Überquerung der Wiesen und mit zunehmender Höhe öffnet sich nach und nach ein weites und wunderschönes Panorama auf den Rosengarten und das Karerseegebiet.
Im oberen Teil der Lichtung weisen einige Hinweispfähle in Richtung Poppekanzel (Wanderweg Nr. 17), die man von hier in ca. 1.30 Stunden erreicht.
Wer über einen anderen Weg zurückkehren und die Wanderung als Rundkurs gehen möchte, muß nun am oberen Waldrand entlanggehen.
Man steigt anfangs schnell bis zu einer Forststraße ab, folgt aber nach einem nur kurzen Stück sogleich rechts (Westen/

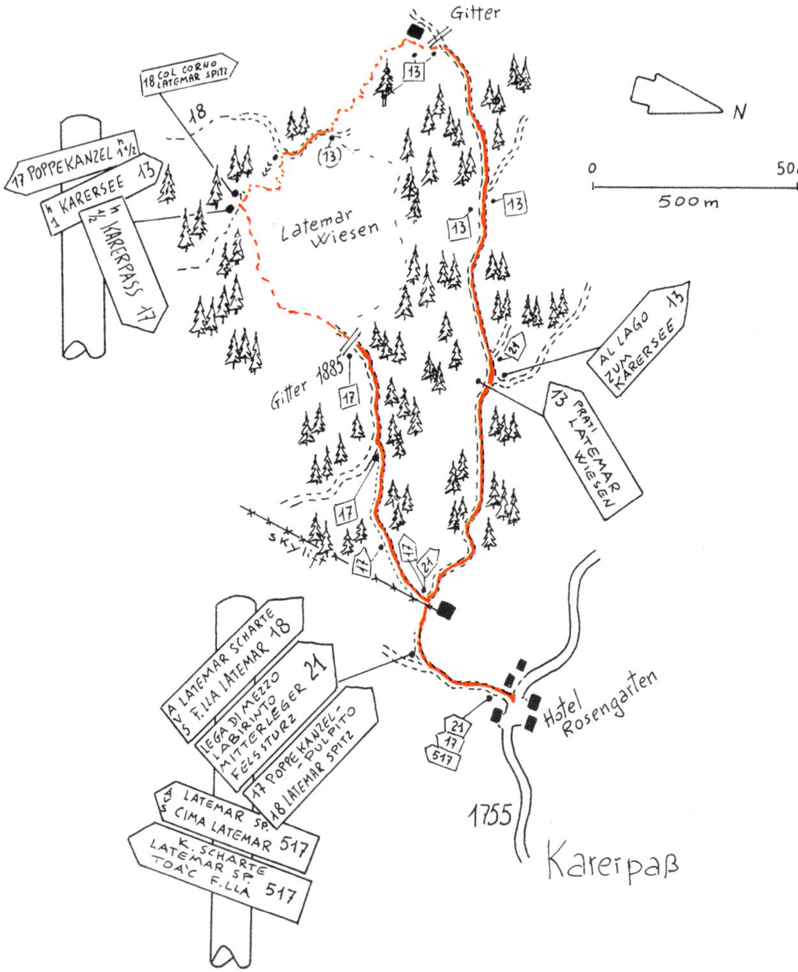
Gitter
18 COL CORNO LATEMAR SPITZ
18
17 POPPEKANZEL h 1 1/2
1 h KARERSEE 13
1/2 h KARERPASS 17
13
N
0
500
500 m
13
13
Latemar Wiesen
AL LAGO ZUM KARERSEE 13
13 PRATI LATEMAR WIESEN
Gitter 1885
17
21
17
SKYLIFT
17
17
21
A LATEMAR SCHARTE
V S F.LLA LATEMAR 18
LEGA DI MEZZO LABIRINTO MITTERLEGER 21 FELSSTURZ
17 POPPEKANZEL - PULPITO
18 LATEMAR SPITZ
LATEMAR SP. CIMA LATEMAR 517
K. SCHARTE LATEMAR SP. TOA'C F.LLA 517
21
17
517
Hotel Rosengarten
1755
Karerpaß

Auf den Latemarwiesen in 1910 m Höhe zu Füßen der wilden Latemarwand mit den an Orgelpfeifen erinnernden Felstürmen

Nordwesten) der Steigspur mit der Nr. 13 bergab (Markierungen auf Steinen und einigen Bäumen).
Quer über ausgedehnte Wiesen hinunter, verliert man schnell an Höhe und erreicht eine Almweide am unteren Wiesenrand.
Zur Almhütte führt ein breiter Forstweg, dem man zuerst mit der Markierung Nr. 13 und später Nr. 21 abwärts folgt.
Man gelangt zuletzt nahe der Talstation des vom Herweg bekannten Skilifts noch einmal auf die Wiesen beim Karerpaß. Es schließt sich so unsere ringförmig angelegte Panoramawanderung zu den Latemarwiesen.

Die leichte Wanderung zu den Latemarwiesen wird mit einem kurzen Abstecher zum nur wenig vom Karerpaß entfernten und auch bequem mit dem Auto erreichbaren, berühmten Karersee noch interessanter.

Rechts: Ein klassischer Blick auf den Karersee mit der prächtigen Latemarwand, deren Spiegelbild im Wasser schillert.

27 DER LABYRINTHSTEIG DURCHS »GEPLÄNK«

Schwierigkeit: lang (Fußwanderung)
Höhenunterschied: 245 m (Summe der Höhenunterschiede im Aufstieg)
Max. Aufstiegshöhe: 1850 m
Zeitaufwand: ca. 3½ Stunden (Gehzeit ohne Pausen)
ca. 45 Minuten vom Karerpaß zur Kreuzung (Wanderwege Nr. 18 und 21) auf 1750 m; dann ca. 40 Minuten bis zur Almhütte Mitterleger; 1½ Stunden für den Labyrinthsteig, von der Mitterlegeralm bis zum Tümpel am Wanderweg Nr. 18 auf 1750 m; 45 Minuten für den Rückweg zum Karerpaß

Unsere Wanderung führt zunächst im Wald zu den Hängen des Latemars und schlängelt sich dann durch den Felssturz und die Schutthalden unter den Abstürzen des Latemars hindurch. Es ist tatsächlich ein kleines, vergnügliches Felslabyrinth. Die Einheimischen nennen diesen Felssturz »Gepländk«.

Wegbeschreibung
Ausgangspunkt dieser Wanderung ist der Karerpaß, leicht mit dem öffentlichen Bus von Tiers aus oder mit dem Auto (mehrere Parkmöglichkeiten am Paß) zu erreichen.
Unsere Wanderung beginnt vor dem Hotel Rosengarten am Paß auf 1740 m. Gegenüber dem Hotel zweigt auf der anderen Straßenseite ein Schottersträßchen ab. Man nimmt dieses Sträßchen und folgt den Markierungen zum Wanderweg Nr. 21. An der ersten Gabelung biegt man rechts ab und kommt auf eine Wiese. Die Wegspur führt am Talende eines Skiliftes vorbei. In leichtem Abstieg geht man in Richtung Wald (nach rechts, gegen Westen).
Man geht über das schöne Forststräßchen, das zunächst eben und dann in leichter Steigung verläuft. Achtung an der Kreuzung! Hier folgt man nicht der Straße, die rechts hinabführt,

Am Mitterleger (1839 m) biegt der Weg zu den Latemarspitzen ab. Folgende Seite: im Wald über dem Mitterleger.

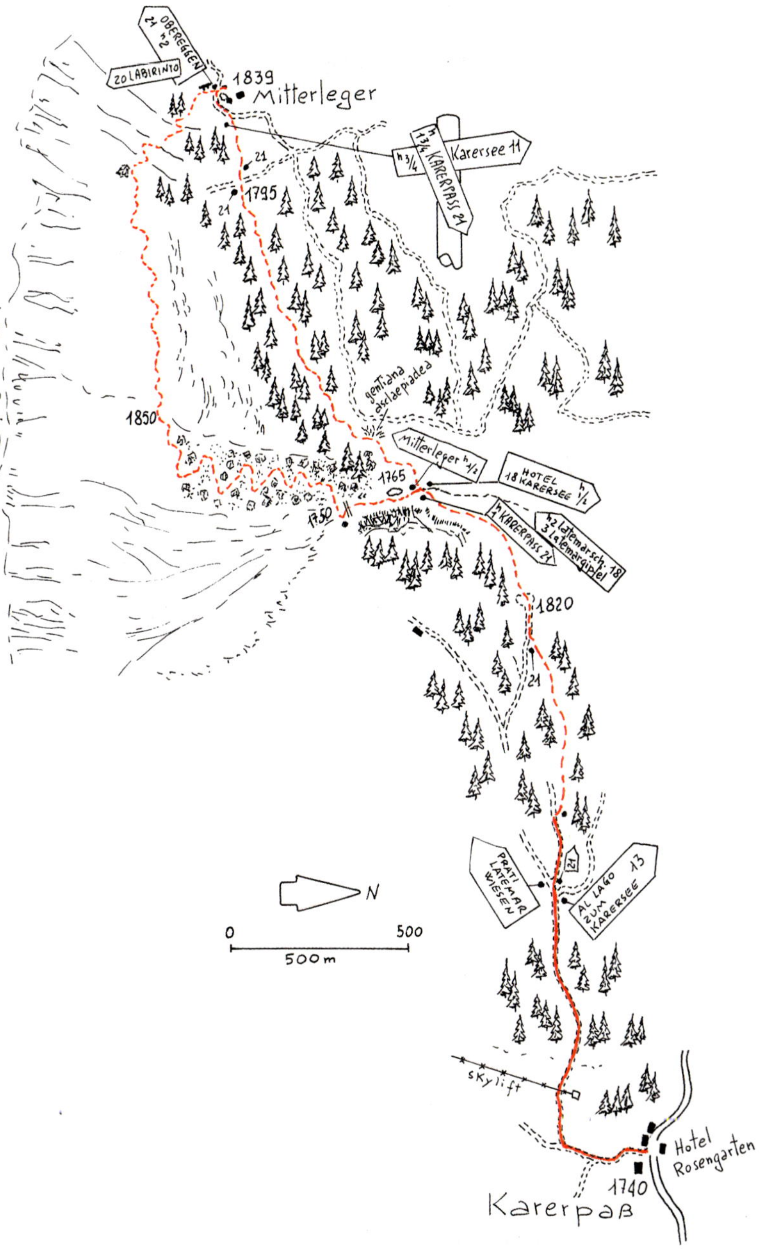

OBEREGGEN 21 h2
20 LABIRINTO
1839
Mitterleger
h 3/4
h 1 3/4 KARERPASS 21
Karersee 11
21
1795
21
Latemar
gentiana asclaepiadea
1850
Mitterleger h 1/2
HOTEL 18 KARERSEE h 1/2
1765
1750
h 1 KARERPASS 21
h2 Latemarsch. 18
3 Latemargipfel
1820
21
PRATI LATEMAR WIESEN
21
AL LAGO ZUM KARERSEE 13
N
0
500
500 m
skylift
Hotel Rosengarten
1740
Karerpaß

Von der Lichtung des Mitterlegers (1839 m) steigt der Weg schräg über die Wiesen bergauf und bietet einen unvergleichlichen Ausblick auf das Kar in der Nordwand des Latemars, dessen Felstürme wie Or-

sondern nimmt (nur kurz) jene mit der Markierung Nr.13, die links aufwärts zieht. Man verläßt sie aber gleich wieder und trifft rechts auf den mit einem Wegweiser an einem Baum markierten Wanderweg Nr. 21.
Der Weg verläuft anfangs eben, steigt dann aber merklich an und kommt zuletzt auf eine schöne Forststraße. Auf ihr nach rechts (Westen). Die Straße endet auf einer kleinen Lichtung, von der ein Waldweg bergab führt. Man steigt ziemlich schnell auf 1750 m hinab, wo man den Wanderweg Nr. 18 kreuzt, der vom Hotel Karersee heraufkommt. Weiter auf Weg Nr. 21 mit den Markierungen zum Mitterleger (30 Minuten). Man durch-

gelpfeifen emporragen. Hier in einer Panoramaaufnahme von 140 Grad.

quert den Wald und erreicht schließlich eine Lichtung, auf der die kleine Almhütte Mitterleger (1839 m; meist geschlossen) neben einem großen erratischen Felsblock (Findling) steht. Tische und Bänke stehen ringsum.
Vom Mitterleger aus kann man auch nach Obereggen wandern (Nr. 21, ca. 2 Stunden). Wir gehen jedoch auf der Markierung Nr. 20 bergaufwärts auf die Latemarspitzen zu. Man quert also

Auf den folgenden Seiten: Der Weg erreicht das sogenannte Labyrinth; er windet sich zwischen und manchmal sogar unter den Felsblöcken hindurch.

Oben: Vom auf 1850 m eben verlaufenden Wanderweg hat man einen freien Blick auf den Rosengarten.

die Lichtung und geht dabei ostwärts zurück. Man überwindet nacheinander drei Bachtälchen im Wald, gewinnt an Höhe und tritt schließlich auf etwa 1850 m aus dem Wald. Die deutliche Steigspur führt ostwärts eben über Schutthalden weiter. Von hier hat man auch ein wunderschönes, weites Panorama auf den Rosengarten. Bald darauf beginnt ein steiles Abstiegsstück, die charakteristischste Passage der ganzen Wanderung, auf der sich vor allem die Kinder vergnügen. Tatsächlich windet sich der Weg zwischen kleinen und großen Felsblöcken dahin, er führt manchmal sogar unter den Felsblöcken hindurch; teilweise muß man auch die Hände zu Hilfe nehmen. Die einzelnen Passagen sind in weiß-roter Farbe markiert.
Am Ende kommt man an der Kreuzung auf 1750 m heraus. Auf dem Weg Nr. 21 vom Aufstieg geht man dann schnell zum Karerpaß zurück.

Links: Der Labyrinthsteig führt mitten durch den Felssturz am Fuße des Latemars.

28 ÜBERSCHREITUNG DES VAJOLONPASSES

Schwierigkeit: lang (Fußwanderung)
Höhenunterschied: 450 m (Summe der Höhenunterschiede im Anstieg)
Max. Aufstiegshöhe: 2565 m (Vajolonpaß)
Zeitaufwand: ca. 4 Stunden für die ganze Ringwanderung;
1½ Stunden von der Paolinahütte zum Vajolonpaß;
1 Stunde von der Vajolonhütte zur Ostertaghütte
30 Minuten von der Ostertaghütte zur Paolinahütte

Diese prächtige Rundwanderung in der Rosengartengruppe führt von der Paolinahütte zum Vajolonpaß und dann durch das felsige obere Vajolontal zur Ostertaghütte hinab.

Wegbeschreibung
Von Tiers mit dem Linienbus oder dem eigenen Auto zum Karerpaß. Von dort geht man dann einige hundert Meter auf der Eggentaler Straße bergabwärts. Rechts die Talstation des Latemar-Sessellifts. In etwa zwanzig Minuten bringt uns der Lift bequem zur Paolinahütte, einem äußerst beliebten Ausflugsziel, nicht zuletzt wegen des herrlichen Panoramas auf das Karerseegebiet und die Latemargruppe.
An der Paolinahütte beginnt unsere Wanderung: Direkt neben der Hütte treffen wir auf einen Hinweispfahl, der uns auf Wanderweg Nr. 539 in Richtung Norden zum Vajolonpaß weist.
Zuerst eben, dann leicht ansteigend, folgen wir dem gut erkennbaren Weg auf halber Hanghöhe und queren nacheinander drei Bachtäler. Nach einem vierten Tälchen kommen wir an eine Gabelung und zu einem kleinen Wasserfall (2175 m).
Weiter leicht ansteigend, stoßen wir auf 2190 m auf eine weitere Wegteilung (Markierung zur Moseralm über Weg Nr. 9 hin-

Auf der folgenden Seite neben der Routenskizze: die Wegweiser an der Kreuzung gleich nach dem Bachtälchen bei der Paolinahütte

Der Rosengarten mit dem Sessellift hinauf zur Paolinahütte

unter), an der wir immer weiter bergauf gehen. Auf 2200 m kreuzt ein eben verlaufender Weg; wir steigen jedoch vorbei an großen Felsblöcken immer noch bergauf.
Schließlich stoßen wir auf 2270 m auf den bekannten Hirzelsteig, der die Kölner Hütte und die Ostertaghütte verbindet. Ein nicht weit entfernt rechts davon liegender großer Felsblock ist ein einmaliger Aussichtspunkt.
Der Weg zieht jetzt deutlich bergaufwärts: Man muß hier über weite Geröllhalden im Schluchttal hinauf, das vom Vajolonpaß herunterzieht.
Die Steigspur führt steil aufwärts, ist aber durchwegs gut markiert. Man durchquert die Schlucht und steigt im steilen Zickzack schnell nach oben. Auf etwa halber Strecke trifft man auf eine kurze, mit einer Leiter und dann mit Stahlseilen versicher-

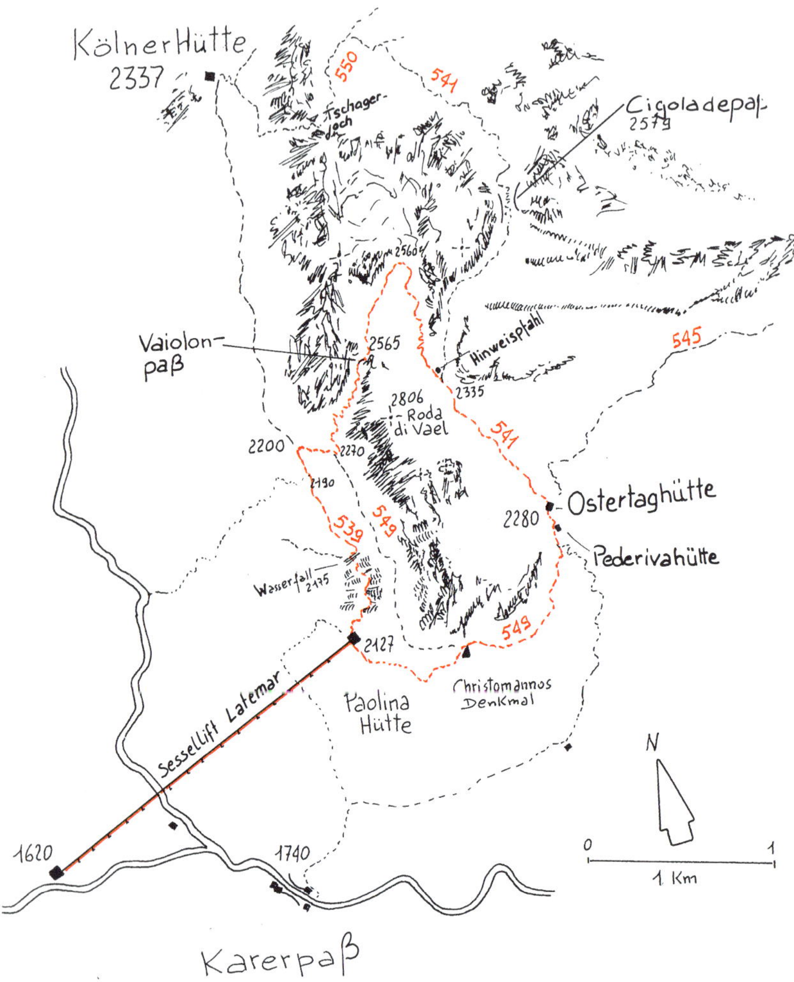
Kölner Hütte
2337
550
541
Tschager-
joch
Cigoladepaß
2579
2560
Vaiolon-
paß
2565
Hinweispfahl
545
2806
Roda
di Vael
2335
541
2200
2270
2190
Ostertaghütte
2280
539
549
Pederivahütte
Wasserfall
2175
549
2127
Christomannos
Denkmal
Sessellift Latemar
Paolina
Hütte
N
0
1
1 Km
1620
1740
Karerpaß

KÖLNER HÜTTE
539 RIF. CORONELLE
AVS
VAIOLON PASS
539 PASSO VAIOLON
AVS

Der Bergwanderweg 539 führt von der Paolinahütte gegen Norden zur Schlucht, die zum Vajolonpaß (2565 m) hinaufzieht.

te Passage. Man überwindet so auf angenehme Art einen großen Felsblock und kann weiter mitten in der felsigen Schlucht hinaufsteigen.
Verhältnismäßig schnell, und zwar in etwa eineinhalb Stunden, geht man also von der Paolinahütte zum Vajolonpaß auf 2565 Meter hinauf. Vom Paß aus hat man einen herrlichen Blick auf das felsige Vajolontal, ein schönes, alpines Kar, umschlossen

Rechts: Die Schlucht am Vajolonpaß: In steilem Zickzack führt eine deutliche Wegspur zum Gipfelpunkt des Passes empor.

Ungefähr auf halber Strecke in der Schlucht zum Vajolonpaß überwindet man einen kurzen, mit Leiter und Stahlseilen versicherten Abschnitt.

von der Tscheinerspitze (2810 m) auf der linken Seite, dem Coronelle-Kamm und, gegenüber, der Mugonispitze (2755 m). Wer auf dem Paß eine Rast einlegt, wird sein Jausenbrot vielleicht in Gesellschaft der Alpendohlen verspeisen. Diese kleinen Flugkünstler aus der Familie der Rabenvögel lassen sich mit einem Brotkrumen leicht heranlocken.
Auf der rechten Seite des Vajolonpasses geht ein steiler, etwas weiter oben mit Stahlseilen versicherter Weg ab. Dies ist der

Rechts: Vom Vajolonpaß hat man eine schöne Aussicht auf die nahe Wand der Tscheinerspitze (2810 m).

Der in Wolken gehüllte Vajolonpaß (2565 m) vom Wanderweg aus gesehen, der, zuerst in leichtem Gefälle und dann über eine leichte Steigung, in das felsige obere Vajolontal abfällt. Dies ist der Abstiegsweg unserer Wanderung.

Aufstiegsbeginn des Klettersteigs zur Rotwandspitze (markiert).
Unser Weg hingegen biegt links ab, führt anfangs in leichtem Gefälle weiter und hält auf das Vajolontal zu.
Etwas weiter steigt der Weg noch einmal einige Meter im Felsenkar empor. Dann biegt man deutlich nach Süden und erreicht mit einem schnellen Abstieg auf einer durchwegs gut erkennbaren Steigspur den Rand einer hohen Felsstufe.

Rechts: Vom oberen Vajolontal aus erreicht man den Rand einer von einer steilen Schlucht eingeschnittenen Felsstufe. Das ist unser Weg hinab zur Ostertaghütte (2283 m).

Auf dem Weg hinab zur Ostertaghütte ein Blick zurück Richtung Norden: links im Taleinschnitt der soeben gegangene Weg. Rechts zieht der Weg zum Cigoladepaß hinauf.

Unser Weg dringt bergabwärts über Steine und Felsbrocken in eine steile Schlucht ein. Dies ist vielleicht die schwierigste Stelle der Wanderung: Man muß gut aufpassen, keine Steine loszutreten, um andere nicht zu gefährden.
In wenigen Minuten steigt man so vom Felsrücken ab, der das Vajolontal begrenzt, erreicht weit ausgedehnte Wiesen und kreuzt den Weg, der ostwärts zum Cigoladepaß hinaufzieht.
Auf einem schönen, gut markierten Wanderweg geht es nach rechts und eben über Almwiesen weiter. Man quert auf halber Höhe in Richtung Süden und kommt schließlich zur Ostertaghütte (2283 m). Von der Hütte aus erreicht man auf einem breiten Weg, der zu Beginn eben, später in leichtem Gefälle ver-

Die Ostertaghütte (2283 m) mit der aussichtsreichen, kleinen Ciampacspitze (2316 m), die man mit wenig Mühe über einen Steig erreicht.

läuft, zunächst das Theodor-Christomannos-Denkmal und dann die Paolinahütte, den Ausgangs- und Endpunkt unseres Rundganges.

Anmerkung

Vor allem im Sommer ist es ratsam, diese Wanderung wie angegeben im Uhrzeigersinn zu gehen, da man derart den Aufstieg in der Vajolonschlucht in den frühen Morgenstunden bewältigt. Die Schlucht liegt um diese Tageszeit noch im Schatten, und man legt den anstrengendsten Teil des Aufstiegs unterhalb der Felsabstürze der Rotwand in der Morgenkühle zurück.

29 DER KLETTERSTEIG SANTNER

Schwierigkeit: Klettersteig mittleren Schwierigkeitsgrades
Max. Aufstiegshöhe: 2741 m (Santnerpaß)
Höhenunterschied: 404 m (von der Kölner Hütte zur Santnerpaßhütte)
Zeitaufwand:
- ca. 2 Stunden von der Kölner Hütte zur Santnerpaßhütte sowohl für Auf- als auch Abstieg
- ca. 5½ Stunden für den Rundkurs Kölner Hütte – Santnerpaßhütte – Vajolethütte/Tschagerjoch – Kölner Hütte

Ein prächtiger Wanderweg führt von der Kölner Hütte (2337 m) zur Santnerpaßhütte (2741 m).

Die Kölner Hütte (2337 m) erreicht man bequem mit dem Gondellift »Laurin II«. Die Talstation befindet sich bei der Frommeralm an der Asphaltstraße, die den Karerpaß mit dem Nigerpaß verbindet.

Wegbeschreibung
Die Bergstation des Gondellifts Laurin II ist direkt neben der Kölner Hütte (2337 m). Grandioses Panorama! Der Blick schweift über das Tierser Tal, den weiten Schlernrücken und auf der linken Seite über den Karerwald und die Felszinnen des Latemars. Am Morgen bietet sich ein gutes Licht zum Fotografieren.
Unsere Wanderung beginnt an der Kölner Hütte. Gleich hinter der Hütte überwindet man den Felsensockel.
Der Weg ist durchwegs gut markiert; er überwindet einen kurzen und steilen Abschnitt über Fels, in dem ein Seilgeländer Sicherheit gibt.
Weiter auf einem breiten, fast eben verlaufenden Felsband, das zum versicherten Klettersteig leitet.
Man folgt den Wegweisern mit der Markierung Nr. 542, biegt mit ihnen nach links (Norden) und erreicht den Aufstiegsbeginn des Klettersteigs.

Winteransicht der Rosengartenwand mit dem Santner-Klettersteig im Alpenglühen. Links der verschneite Naturbalkon mit der Santnerpaßhütte (2741 m).

Der Klettersteig ist reichlich mit Stahlseilen, Haken und Leitern versichert.
Es ist ein wunderschöner Aufstieg, der durch kleine und schmale Felspassagen und enge Scharten schräg bergauf führt.
Die schwierigste Stelle ist die sogenannte »Eisschlucht«, eine Schlucht, in der oft auch im August noch Firnschnee liegt.
Diese vereiste Schneefläche kann vor allem im Abstieg und zu Saisonbeginn recht anstrengend und nicht ganz ungefährlich sein. Die Stahlseile können um diese Zeit vereist oder halb versteckt unter dem Schnee liegen; auch aus diesem Grunde sollte man den Klettersteig besser im Aufstieg als im Abstieg bewältigen.

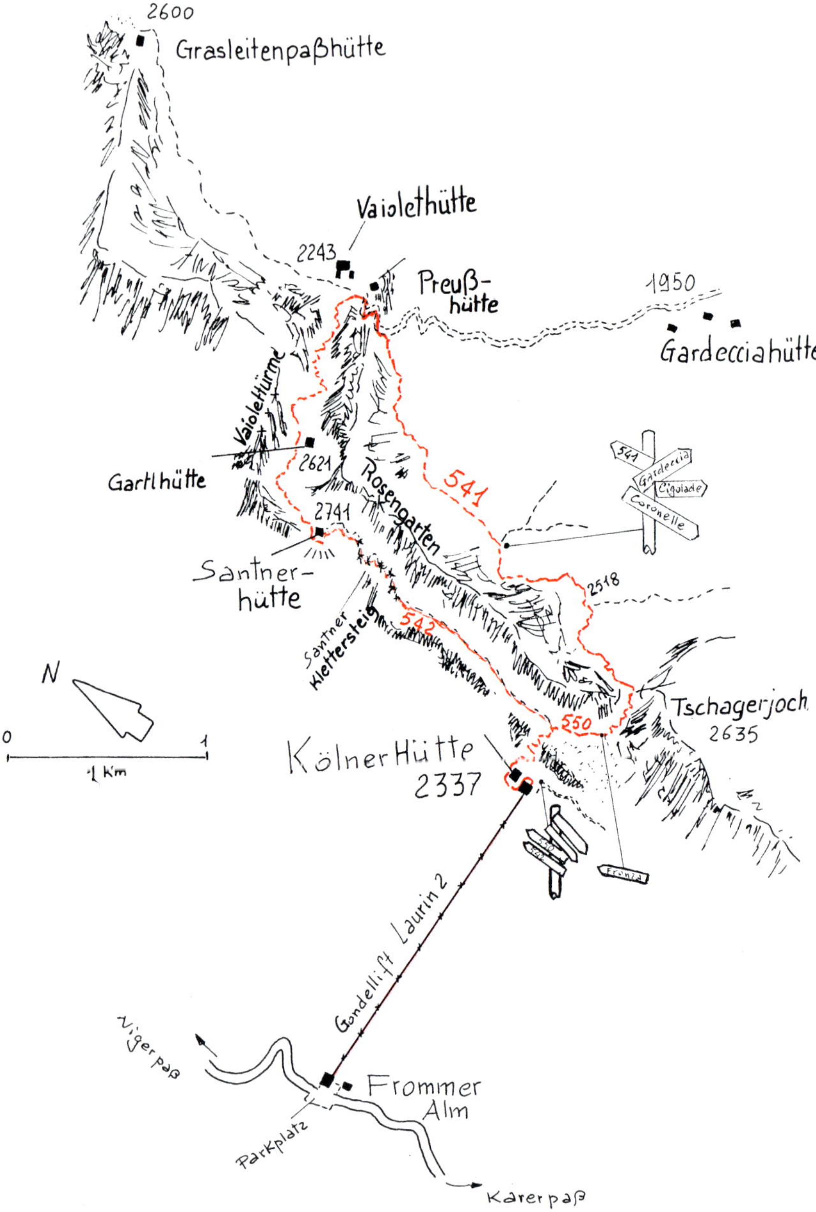
2600
Grasleitenpaßhütte
Vaiolethütte
2243
Preuß-
hütte
1950
Gardecciahütte
Vaiolettürme
Gartlhütte
2621
Rosengarten
541
Gardeccia
Cigolade
Coronelle
2741
Santner-
hütte
2518
Santner
Klettersteig
542
N
0
1
1 Km
550
Tschagerjoch
2635
Kölner Hütte
2337
Franza
Gondellift Laurin 2
Nigerpaß
Frommer
Alm
Parkplatz
Karerpaß

Der Santner-Klettersteig verläuft inmitten prächtiger Felszinnen. Hier reicht der Blick bis zur Kölner Hütte, Ausgangspunkt der Wanderung.

Der Aufstieg führt weiter inmitten von kleinen Felstürmen und Scharten hindurch, die Strecke ist mit den Stahlseilen bis zu ihrem Ende hin versichert: Der Ausgang des Steiges liegt ein wenig höher als der Felsenriegel mit der kleinen Santnerpaßhütte (2471 m) in einzigartiger Panoramalage.

Rundwanderung
Der schöne Santner-Klettersteig kann von erfahrenen Bergsteigern auch im Abstieg bewältigt werden. Aber Achtung: Besonders im Juli und August ist der Steig sehr stark begangen und erfordert oftmals lange und langweilige Wartezeiten an den schwierigen Stellen. In diesen Fällen kann die nachfolgend beschriebene Rundwanderung recht interessant sein.

In seinem oberen Teil überwindet der Santner-Klettersteig einige schöne Passagen inmitten von an Orgelpfeifen erinnernden Felszinnen.

Man steigt von der Santnerpaßhütte (2741 m) in die Talmulde des Gartl zur Gartlhütte hinab und geht von dort über die Vajoletschlucht, die sich an einigen Stellen recht steil darbietet, aber längst nicht die Schwierigkeiten eines Klettersteiges hat, zur Felsenterrasse der Porte Neigre mit der Vajolet- und der Preußhütte (2243 m) hinunter.

Rechts: Eine enge Schlucht nahe der Santnerpaßhütte erlaubt einen Blick auf die Hanickerschwaige. Im Hintergrund der Schlernrücken mit dem weißen Felsengipfel des Petz (2563 m) und den Schlernhäusern.

Blick vom Santnerpaß (2741 m) auf das Tierser Tal. In der Ferne der Bozner Talkessel.

Bei den Hütten nimmt man das Schottersträßchen, das nach Gardeccia hinabführt, geht aber bereits nach wenigen Dutzend Metern rechts weg und den Wanderweg Nr. 541 hinauf, einen schönen und aussichtsreichen Weg auf halber Hanghöhe. Der Weg ist angenehm breit und gut markiert; überhaupt verläuft die ganze Wanderung auf guten Wegen. Nur im höchsten Teil nahe dem Tschagerjoch (2635 m) trifft man auf einige, allerdings leicht zu überwindende Passagen über Felsstufen.
Man geht über den Paß und steigt dann schnell auf deutlich erkennbarem Weg in eine steile Schlucht hinab, zuletzt schräg auf halber Hanghöhe, und man erreicht in Kürze die Kölner Hütte (2337 m), unseren Ausgangspunkt.

Schutzhütten

Grasleitenhütte
Höhe 2165 Meter. Tel. (0471) 64 21 03
Geöffnet vom 15. Juni bis 15. Oktober ca.

Grasleitenpaßhütte
Höhe 2559 m. Tel. (0462) 6 42 44
Geöffnet von Ende Juni bis Ende September

Ostertaghütte (Rotwandhütte)
Höhe 2283 m. Tel. (0462) 6 44 50
Geöffnet vom 20. Juni bis 20. September. Winterraum

Paolinahütte
Höhe 2127 m. Tel. (0471) 61 20 08
Geöffnet vom 1. Juni bis 10. Oktober und in der Skisaison

Tierser-Alpl-Hütte
Höhe 2440 m. Tel. (0471) 72 79 58
Geöffnet von Mitte Juni bis 5. Oktober. Winterraum

Kölner Hütte
Höhe 2337 m. Tel. (0471) 61 20 33
Geöffnet vom 20. Juni bis 25. September

Santnerpaßhütte
Höhe 2741 m. Tel. (0471) 64 22 30
Geöffnet von Juni bis Ende September

Gartlhütte
Höhe 2621 m. Tel. (0462) 6 34 28
Geöffnet von Ende Juni bis Mitte September. Winterraum

Vajolethütte
Höhe 2243 m. Tel. (0462) 6 32 92
Geöffnet von Mitte Juni bis Ende September. Winterraum

Antermoiahütte
Höhe 2496 m. Tel. (0462) 6 22 72
Geöffnet von Ende Juni bis 20. September

Schlernhäuser
Höhe 2457 m. Tel. (0471) 61 20 24
Geöffnet vom 10. Juni bis 5. Oktober. Winterraum

Tschafonhütte
Höhe 1737 m. Tel. (0471) 64 20 58
Geöffnet vom 1. Mai bis 7. November

Die Talmulde des Gartl, der geheimnisumwobene »Rosengarten«, gab der Berggruppe ihren Namen. In der Talmulde die Gartlhütte (2621 m) gegen die Vajolettürme.

Die Vajolettürme mit den Namen ihrer Erstbesteiger von links: Delago (2780 m), Stabeler (2805 m) und Winkler (2800 m). Im Foto wagen Bergsteiger den Anstieg zum »Tita Piaz«, dem schwindelerregenden Vorgrat des Delagoturmes.

Beim Abstieg in der Vajoletpaßschlucht ein Blick auf die Preußhütte (2243 m) auf dem Felsensockel der Porte Neigre. Im Hintergrund die grüne Gardeccia (1950 m).

30 DER LAURENZI-KLETTERSTEIG

Schwierigkeit: schwieriger Klettersteig
Höhenunterschied: ca. 490 m (Summe der Höhenunterschiede im Anstieg) und ca. 390 m im Abstieg (Summe der Höhenunterschiede im Abstieg)
Max. Aufstiegshöhe: 2845 m (Mittlere Molignonspitze)
Zeitaufwand:

- von der Tierser-Alpl-Hütte zum Gipfel des Nordwestlichen Molignon ca. 1½ Stunden;
- vom Nordwestlichen Molignon zum Gipfel des Mittleren Molignon 1½ Stunden;
- vom Mittleren Molignon zum Antermoiasee ca. 1 Stunde;
- für die gesamte Strecke von der Tierser-Alpl-Hütte zum Antermoiasee ca. 4 Stunden

Der Laurenzi-Klettersteig verbindet das Schutzhaus Tierser Alpl (2441 m) mit der Antermoiahütte (2487 m). Der Steig ist landschaftlich wunderschön, doch auch sehr ausgesetzt und schwierig. Ausschließlich geübte und schwindelfreie Bergsteiger sollten es wagen, ihn zu begehen.

Wegbeschreibung

Der klassische Ausgangspunkt zum Laurenzi-Klettersteig ist die Tierser-Alpl-Hütte.

Der Klettersteig wurde Laura Laurenzi, der Bewirtschafterin der Hütte, zu ihrem 25jährigen Hüttenjubiläum gewidmet.

Von der Hütte aus leiten Wegweiser auf den Wanderweg 554 zum Rosengarten und damit zum Aufstiegsbeginn des versicherten Steiges. Auf die erste Stahlseilversicherung trifft man nur fünf Minuten von der Hütte entfernt in Richtung Molignonpaß, etwa 200 Meter vor dem Paß. Der Weg führt über einen alten Pfad aus dem Ersten Weltkrieg, steigt direkt auf dem Felsenkamm hinauf und weiter zum Hochplateau des Nordwestlichen Molignon bis auf 2778 m. Dann geht es ostwärts, und man steigt auf 2763 m hinab, wo sich der eigentliche Aufstiegsbeginn des reichlich mit Stahlseilen versicherten Klettersteiges befindet. Der Steig schlängelt sich durch steile Einsattelungen hindurch einmal rechts und einmal links des Kamms

hinunter. Die anstrengendste und schwierigste Passage ist der ausgesprochen steile Abstieg in einer Scharte.
Noch ein weiterer Abstieg in eine Schlucht; man quert die Wand in südöstlicher Richtung und hält dann auf ein ziemlich breites Felsenband zu. Schließlich steigt man auf dem Kammweg bis zu den dunklen Eruptivfelsen des Mittleren Molignongipfels (2845 m) empor. Dann geht es südwärts auf Felsenbändern bergauf, sodann wieder recht lange und streckenweise sehr steil abwärts bis zum letzten Seil des Klettersteiges, mit dessen Hilfe man den Hang zum Antermoiasee (2487 m) hinunterklettert.

31 DIE ZWEI KESSELKOGEL-KLETTERSTEIGE

Zum höchsten Gipfel in der Rosengartengruppe führen zwei verschiedene Klettersteige hinauf, der eine auf der Westseite und der andere auf der Ostseite.

Beide Klettersteige sind in den mittleren Schwierigkeitsgrad einzuordnen. Sie verbinden den Grasleitenpaß (2599 m) mit dem Kesselkogel (3004 m), der wegen seiner zentralen Lage in der Berggruppe und seiner Höhe einen einzigartigen und prächtigen Rundblick bietet.

Westlicher Klettersteig

Höhenunterschied: ca. 400 m vom Aufstiegsbeginn oberhalb des Grasleitenpasses zum Gipfel des Kesselkogels
Zeitaufwand: ab Grasleitenpaßhütte ca. 1¾ Stunden

Dieser Klettersteig beginnt nur wenige Gehminuten bergaufwärts in Richtung Westen vom Grasleitenpaß entfernt. Zu Beginn steigt man durch eine Geröllhalde hinauf und erreicht dann den Felsen mit dem ersten Sicherungsseil. Es folgt ein Kamin. Dann steigt man auf einer Leiter zu einem sandigen Felsenband hinab. Der Steig ist hier in seinem schwierigsten Abschnitt stark ausgesetzt, allerdings gut mit Seilen versichert. Weiter steil empor und über Felsenbänder in eine Scharte. Auf einem schrägen, breiten Felsenband bergauf und über weitere Felsstufen längs des Nordkamms bis zum Gipfel hinauf.

Östlicher Klettersteig

Höhenunterschied: ca. 350 m (vom Gipfel des Kesselkogels bis zur Abzweigung im Antermoiatal)
Zeitaufwand: Abstieg über den östlichen Klettersteig ca. 1 Stunde; eine weitere Stunde für den Wiederaufstieg zum Antermoiapaß und Grasleitenpaß

Der Klettersteig bietet mittlere Schwierigkeiten, er wird oft im Anschluß an den Aufstieg über den westlichen Steig im Abstieg begangen. Seinen Beginn erreicht man ab Antermoiapaß (2770 m), indem man unterhalb der Ostwand quert.
Der Steig ist hervorragend mit Leitern und Stahlseilen bis zum Gipfel hinauf versichert. Für den Abstieg vom Gipfel aus ist es ratsam, zunächst den Gipfel zu überschreiten, um dann an den Stahlseilen zum Felsenband zu gehen, das die Ostwand schneidet; man begeht das Felsband, und dann führen zwei Leitern in einen kleinen Sattel. Von hier über Geröll ins Antermoiatal.

32 MASARÈ-KLETTERSTEIG UND ROTWAND-KLETTERSTEIG

Der Masarè-Klettersteig verbindet die Ostertaghütte (2283 m) mit dem Sattel zwischen der Rotwand und dem Fensterleturm. Der Rotwand-Klettersteig führt hingegen von der Rotwandspitze zum Vajolonpaß (2550 m) hinab.

Höhenunterschiede:
- von der Paolinahütte zum Aufstiegsbeginn des Masarè-Klettersteigs ca. 300 m
- Masarè-Klettersteig ca. 200 m
- möglicher Aufstieg zur Rotwandspitze 200 m
- Abstieg über den Rotwand-Klettersteig ca. 250 m

Zeitaufwand:
- von der Paolinahütte (2127 m) zum Aufstiegsbeginn des Masarè-Klettersteigs ca. 1 Stunde
- Masarè-Klettersteig ca. 1¾ Stunden; zusätzlich 30 Minuten bis zur Rotwandspitze
- von der Rotwandspitze zum Vajolonpaß ca. 30 Minuten
- direkter Rückweg vom Vajolonpaß zur Paolinahütte ca. 1 Stunde (man kann aber auch über eine weitere Strecke vom Vajolonpaß bis zur Ostertaghütte gehen)

Die Ostertaghütte ist leicht zu erreichen. Am Karerpaß fährt man mit dem Latemar-Sessellift zur Paolinahütte (2127 m) hinauf und geht dann auf Wanderweg Nr. 539 zur Hütte (30 Minuten).
Oberhalb der Ostertaghütte trifft man auf die Markierungen zum Masarè-Klettersteig.

Rechts: Blick vom Rotwand-Klettersteig hinunter zum Vajolonpaß (2560 m)

Wegbeschreibung
Der Steig führt nur teilweise über Fels zu einer Scharte auf 2500 m.
Der kurze Abstieg von ungefähr zehn Metern in einem Kamin gleich zu Beginn ist das schwierigste Stück des ganzen Klettersteigs.
Der versicherte Steig erreicht die Masarè-Spitze (2585 m) und führt dann in eine kleine Senke vor dem Fensterleturm hinunter; es ist dies ein an seiner weiten, passierbaren Öffnung am Gipfel, dem »Fenster«, unschwer zu erkennender Felsturm.
Vom kleinen, grasbewachsenen Sattel aus kann man auf einem markierten Wanderweg direkt zur Ostertaghütte gelangen.
Eine andere Möglichkeit ist jedoch der mit Stahlseilen versicherte Steig hinauf zum Gipfel der Rotwand.
Von der Rotwandspitze kann man dann längs des Rotwand-Klettersteigs bis zum Vajolonpaß hinuntersteigen.
Der Steig ist reichlich mit Sicherungsseilen versehen.

33 DER MAXIMILIANSTEIG

Schwierigkeit: leichter Klettersteig
Max. Aufstiegshöhe: 2655 m (Roterdspitze)
Höhenunterschied: 218 m (von den Schlernhäusern); 217 m (ab Tierser-Alpl-Hütte)
Zeitaufwand: ca. 1¾ Stunden von den Schlernhäusern zur Roterdspitze; ca. 2½ Stunden von der Roterdspitze zur Tierser-Alpl-Hütte

Bergwanderweg und Klettersteig führen über den Kamm der Roßzähne.

Der Maximiliansteig, ein schöner, nicht besonders schwieriger, allerdings an manchen Stellen recht ausgesetzter Klettersteig, ist entweder von der Tierser-Alpl-Hütte (2438 m) oder von den Schlernhäusern (2457 m) aus zu erreichen. Der Steig ist in beiden Richtungen gut begehbar.

Wegbeschreibung
Eine klassische Wanderung ist der anfangs abwärts und dann mäßig ansteigend führende Weg von den Schlernhäusern am Petz (2457 m) hinüber zur Tierser-Alpl-Hütte (2438 m).
Der Wanderweg Nr. 4 bringt nach etwa einer Gehstunde zu einer Abzweigung mit der Markierung »Roterdspitze - Maximiliansteig«. Weiter auf gutem Weg zur Roterdspitze auf 2655 m Höhe hinauf. Der Gipfel ist die höchste Erhebung in diesem Gebiet und bietet einen herrlichen Rundblick. Nun geht es auf dem versicherten Klettersteig über den Kamm zu den Roßzähnen. Der Steig überwindet gleich zu Beginn ein besonders steiles Stück (hier kann eine Sicherung am Kletterseil vonnöten sein) und verläuft insgesamt recht ausgesetzt. Zahlreiche Stahlseilversicherungen längs des Steiges. Herrlicher Blick auf die Seiser Alm. Am Nordwesthang der Roßzahnspitze trifft man auf ein charakteristisches Felsenfenster. Man durchquert es und geht auf die andere Hangseite und dann südwärts zum Gipfel der Roßzahnspitze (2653 m) empor. Unterhalb der Abstürze erkennt man das Dach der Tierser-Alpl-Hütte (2438 m). Weiter zur Scharte, die die Roßzahnspitze von den anderen Roßzähnen trennt (mit Stahlseilen versicherte Passage). Man

steigt südlich in eine steile Schlucht hinab, die auf Schutthalden mündet. Von hier erreicht man in Kürze die Tierser-Alpl-Hütte (2438 m).

Wegbeschreibung in umgekehrter Richtung
In umgekehrter Richtung beginnt dieser Klettersteig bei der Tierser-Alpl-Hütte, von wo aus man bis zum nahen, ersten Stahlseil hinaufsteigt. In einer Schlucht geht es dann bis zu einer Scharte mit Blick auf die Seiser Alm hinauf. Links weiter bis zur Roßzahnspitze (2653 m). Dann den Kamm entlang bergabwärts und durch ein Felsenfenster. Ein Stück weiter erreicht man den Paß an den Roßzähnen (von dem aus man im Notfall wieder zur Hütte absteigen kann).Wer weitergeht, kann bis zur Roterdspitze (2655 m) am Ende des Klettersteigs ansteigen.

Rechts: Blick zum Tierser Alpl. Links auf dem Kamm führt der Maximiliansteig entlang.

Kurzregister

Tourenübersicht mit Angabe der Schwierigkeit

Inhaltsverzeichnis

	Schwierigkeit	Höhenmeter	Seite
	leicht	1247 m	8
	mittel/leicht	990 m	14
	lang	1834 m	18
	leicht	1060 m	28
	mittel/Auto	1206 m	30
	kurz	1240 m	38
	mittel	1247 m	44
	kurz	1274 m	50
	mittel	1274 m	53
	lang	1690 m	56
	Besichtigung	1000 m	65
	mittel	1743 m	66
	lang	2000 m	70
	sehr lang	2187 m	81
	lang	2457 m	84
	mittel	1615 m	88
	lang	2134 m	93
	lang	2440 m	98
	mittel	1020 m	104
	kurz	1299 m	104
	kurz	2010 m	106
Hütte	lang	2551 m	112
	mittel	2280 m	124
das Tschamintal	lang	2635 m	128
	mittel	2280 m	142
	kurz	1895 m	148
	lang	1850 m	154
	lang	2565 m	164
	Klettersteig	2741 m	176
	Klettersteig	2845 m	187
	Klettersteig	3004 m	188
	Klettersteig	2806 m	190
	Klettersteig	2655 m	193

Nützliche Adressen

Tourismusverein Tiers
Tiers, Sankt-Georg-Straße 38. Tel. (0471) 64 21 27
Öffnungszeiten:
- von Mitte Juli bis Mitte September: 8.30–12.30/14.30–18.30 Uhr (von Montag bis Samstag); von 10 bis 12 Uhr (sonntags)
- von Mitte September bis Mitte Juli: 8.30–12.30/14–18 Uhr (Montag - Dienstag - Mittwoch - Freitag); 8.30–12.30 Uhr (donnerstags und samstags); Sonn- und Feiertage geschlossen.

Museum in Steinegg
Bei der Pfarrkirche. Tel. (0471) 37 66 20. Auskünfte unter (0471) 37 65 18. Eintrittspflichtig, Preisermäßigung für Gruppen (mindestens 20 Personen) und Kinder.
Öffnungszeiten:
- Geöffnet von Ende März bis 31. Oktober, montags geschlossen.
- Führungen (in deutscher Sprache, wenn nicht anders angegeben):
- von April bis Anfang Juli um 11 Uhr (dienstags und freitags); um 15 und 16 Uhr (samstags und sonntags);
- von Juli bis 31. Oktober um 10 und 11 Uhr (dienstags und freitags; mittwochs und freitags in italienischer Sprache); um 15 und 16 Uhr (samstags und sonntags).
- von November bis Anfang April Führungen nur unter Voranmeldung.

Busverbindung nach Gardeccia
Pendelbus alle 15 Minuten von 7 bis 19 Uhr von Juli bis Mitte September. Abfahrt in Pozza di Fassa und Ankunft am Kilometer 1.8 noch vor der Gardecciahütte. Die Straße nach Gardeccia ist ganzjährig für den privaten Verkehr gesperrt.

Notdienste

Bergrettungsdienst Tiers	Tel. (0471) 64 22 22
Feuerwehr Tiers	Tel. (0471) 64 22 22
Ortspolizei/Carabinieri Tiers (Gendarmerie)	Tel. (0471) 64 21 22
Polizei/Carabinieri-Notruf	Tel. 112
Unfalldienst Weißes Kreuz Bozen	Tel. (0471) 24 44 44
Straßenhilfsdienst ACI	Tel. 116
Erste-Hilfe-Notruf	Tel. 118

Almen und Einkehrstätten
(Liste der Schutzhütten siehe Seite 183)

Tschaminschweige
Höhe 1184 m. Tel. (0471) 64 20 10. Geöffnet von Ende Mai bis Anfang November. Bar/Restaurant mit warmen Speisen, Eis; warme Küche von 12 bis 22 Uhr.

Gasthaus Schillerhof
Höhe 1554 m. Tel. (0471) 61 34 39. Geöffnet von Juni bis Ende Oktober. Dienstag Ruhetag.

Hagner Alm
Höhe 1554 m. Tel. (0471) 61 33 65. Geöffnet von etwa Mitte Mai bis Oktober. Samstag Ruhetag.

Hanickerschwaige
Höhe 1873 m. Tel. (0471) 64 20 68. Geöffnet von etwa Juli bis September.

Jausenstation Schönblick
Höhe 1193 m. Tel. (0471) 60 11 36. Ganzjährig geöffnet.

Gasthaus Hofer Alpl
Höhe 1364 m. Tel. (0471) 72 52 88. Geöffnet von Mai bis Ende Oktober.

Frommeralm
Höhe 1721 m. Tel (0471) 61 68 84
Hotelbetrieb an der Straße bei der Talstation des Gondellifts »Laurin II«. Ganzjährig geöffnet.

Bank - Geldwechsel - Sämtliche Bankgeschäfte - Bancomat

Raiffeisenkasse Tiers
Tel. (0471) 64 21 35
Telefax (0471) 64 21 35

NOTIZEN

NOTIZEN

NOTIZEN

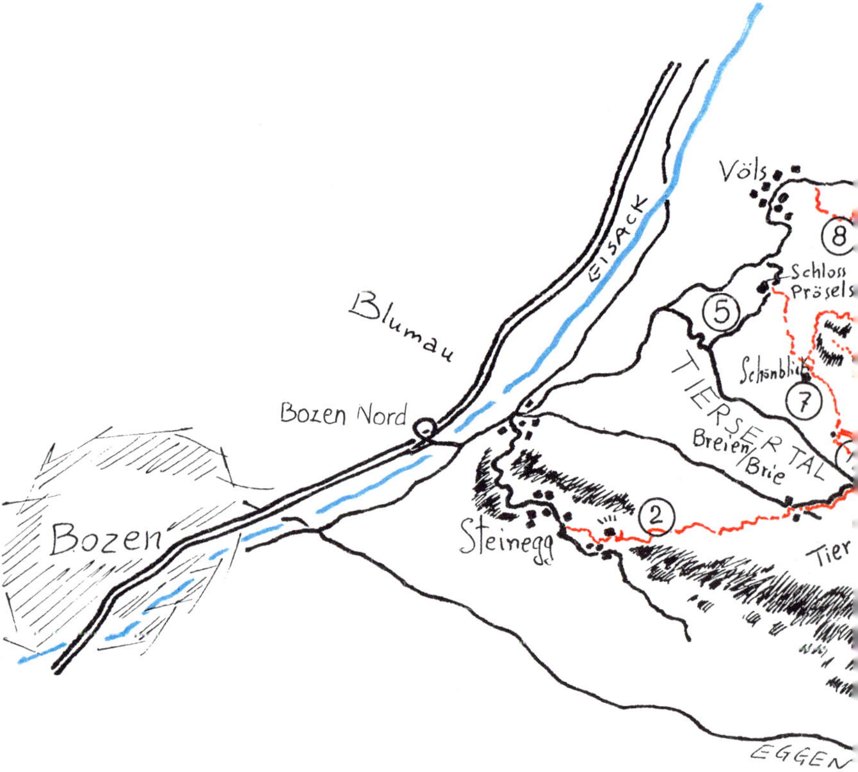

Völs
8
Schloss
Prösels
5
Schönblick
7
Blumau
EISACK
Bozen Nord
TIERSERTAL
Breien/Brie
Bozen
2
Steinegg
Tier
EGGEN